理查德·霍加特与英国文化研究

赵冰◎著

世界知识 出版社

图书在版编目（CIP）数据

理查德·霍加特与英国文化研究／赵冰著. --北京：世界知识出版社，2025.4. --ISBN 978-7-5012-6883-2

Ⅰ. G0；G156.1

中国国家版本馆 CIP 数据核字第 20259TN509 号

责任编辑	刘豫徽
责任出版	李　斌
责任校对	陈可望

书　　名	理查德·霍加特与英国文化研究 Lichade · Huojiate yu Yingguo Wenhua Yanjiu
作　　者	赵　冰

出版发行	世界知识出版社
地址邮编	北京市东城区干面胡同 51 号（100010）
经　　销	新华书店
网　　址	www. ishizhi. cn
电　　话	010-65233645（市场部）
印　　刷	北京中科印刷有限公司
开本印张	880 毫米×1230 毫米　1/32　8½印张
字　　数	150 千字
版次印次	2025 年 4 月第一版　2025 年 4 月第一次印刷
标准书号	ISBN 978-7-5012-6883-2
定　　价	76.00 元

中央高校基本科研业务费出版资助

前 言

理查德·霍加特与雷蒙·威廉斯和爱德华·汤普森并称英国文化研究的三大创始人。相较于威廉斯和汤普森的如雷贯耳，霍加特对于学界仍稍显陌生。在英语世界，2007 年才诞生了第一部研究霍加特的论文集《理查德·霍加特与文化研究》（*Richard Hoggart and Cultural Studies,* edited by Sue Owen），2012 年第一本关于霍加特的专著《理解理查德·霍加特：希望教育学》（*Understanding Richard Hoggart: A Pedagogy of Hope,* edited by Michael Bailey & Ben Clarke）诞生。而在国内，直到 2018 年，《识字的用途》中文版才问世。

关于霍加特的论文或著作尽管在内容、结构上有所不同，但无一不是以霍加特和英国文化研究的关系为主题。固然，这不失为研究霍加特的一个重要切入点，但容易造成这样一种令人误解的印象：仿佛只能将霍加特放置在他与文化研究的关系中加以理解。此外，对"何为文化研究"缺乏深刻认识加剧了对霍加特思想广度和深度的双重贬低趋势。

本论文没有放弃霍加特和文化研究的关系这一观察视角，而是试图将霍加特置于更为广阔的现代主义与后现代主义思潮中进行论述，并提出霍加特身处这两种思潮的夹缝之中。鉴于"现代主义"和"后现代主义"的语义严重超载，为了切合论述目的，本书首先对这两个术语进行了限定，并在此基础上通过对比来凸显二者的含义。与霍加特相关的"现代主义"意指精英文化（高雅文化），"普世主义"，对整体性、完整性和共性（commonality）的追求，而人类学意义上的文化、流变的身份、宏大理论叙事的消解、日常生活和流行文化的抵抗则是"后现代主义"所指。本书第一章概述了霍加特与英国文化研究的兴起，为下文论述核心观点做了铺垫。第二章认为，霍加特将流行文化视为值得研究的对象，从人类学意义（而非美学意义）重新定义了"文化"；研究对象的变化意味着研究方法必须随之改变，霍加特的"社会阐释学"和"文化阅读"可以视为这方面的尝试。然而，深受马修·阿诺德、F. R. 利维斯的影响，霍加特的精英文化情结挥之不去，具体表现为其研究对象和研究方法转变的不彻底性。第三章集中讨论霍加特与理论和经验的关系。作为文化主义范式的代表，霍加特强调日常生活经验和工人阶级的主体性，一定程度上回应了后现代宏大理论叙事的消解。同时，他的民族志方法开启了源于普通人日常生活实践的抵抗。此外，对经验特权的强调导致理论发育不良，集中表现为拒绝接受分析区分的原则，对乔装打扮或不自觉的理论租借缺乏认识以及没有将具体研究的成果充分理论化。在谈到以"电唱机男孩"为代表的青少年亚文化时，霍加特的民族志方法消失殆尽，一起隐去的还有工人阶级的"抵抗"。这里反映的问题是，战后工人阶级的身份本身不断地流变，青少年亚文化的兴起便是这种身份不确定性的例证。遗憾的是，霍加特单单从阶级属性定义青少年，没有看到作为英国历史上首支重要消费力量的青少年群体通过风格实现的抵抗政治。本书第四章围绕霍加特的"共同文化"和"有差异的共同社会"概念展开。顺承霍加特对理论的拒斥，该部分首先厘清了"共同文化"产生的逻辑和历史背景，并提出，这个概念一方面体现了霍加特对现代主义整体性的希冀，这种整体性可理解为在新的文化变化的威胁下日渐式微的社会凝聚力；另一方面表明了霍加特接纳变化和分裂的诉求。"有差异的共同社会"同时包含了萦绕心头的晚期现代主义的幽灵和后现代主义的发酵因子。《识字的用途》中以

"奖学金男孩"为代表的"有感觉的男性身体"是这一概念的化身。论文结尾部分提出，身处现代主义和后现代主义的夹缝之中，霍加特不属于任何一个世界，无根感、焦虑感、思想上的崇高追求和行动上的怠惰如影随形。然而，他并没有完全沉溺于悲观和绝望——尽管希望亦无处可寻，而是以一种后现代式的反省和自嘲为自己，也为读者画上了句点。

本书以细读霍加特的经典文本《识字的用途》（以此为主但不局限于此）为基础，提出并解决了文化研究与文学的关系、文化研究跨学科传统的理论核心、霍加特的民族志方法与日常生活抵抗等问题。而福柯的权力观、阿尔都塞对文学与意识形态关系的阐述、利维斯及奥威尔的"身体"理论等为论述霍加特提供了参考点，并提升了本书的理论层次。

目　录

绪

论

一、选题意义及国内外研究综述

一般来讲，理查德·霍加特，雷蒙·威廉斯和爱德华·汤普森被视为英国文化研究的开山鼻祖，三人各自的代表作《识字的用途》《文化与社会》和《英国工人阶级的形成》从不同方面为文化研究奠定了基础。与后两者相比，国内外对霍加特的研究尚处于起步阶段。在英语世界，目前只有一本霍加特研究专著，而由于国内译介较晚，霍加特研究在国内尚不成熟。与一般著述的介绍性质或者单纯地研究霍加特与文化研究的关系不同，本书试图将霍加特放置在现代主义、后现代主义的思潮中加以考察，突出霍加特思想的矛盾性和复杂性。

国内对霍加特的研究始于20世纪八九十年代。1988年，周宪等编写的《当代西方艺术文化学》最早收入了霍加特的《当代文化研究：文学与社会研究的一种途径》一文；2000年，一篇出自霍加特名作《识字的用途》的文章《人民的"真实"世界：来自通俗艺术的例证——〈派格报〉》被罗钢、刘象愚收入《文化研究读本》。21世纪之后，随着国内学界对文化研究的热情高涨，大量有关文化研究的国外著作被译介进中国，如多米尼克·斯特里纳蒂的《通俗文化理论导论》、约翰·斯道雷的《文化理论与通俗文化导论》、丹尼斯·德沃金在《文化马克思主义在战后英国》等。这些作品大多对霍加特只做了导论性质的介绍，认可了他在文化研究初始阶段所起到的积极作用。而在学术专著方面，萧俊明在2004年出版的《文化转向的由来：关于西方文化概念、文化理论和文化研究的考察》中介绍了霍加特的思想理论，肯定了他在文化研究事业中的贡献；陆扬、王毅在2006年合著的《文化研究导论》中用单独一节内容，评述了霍加特对工人阶级文化的观点；杨东篱在2011年出版的《伯明翰学派的文化观念与通俗文化理论研究》中根据叙述的需要，穿插地介绍评论了霍加特的文化思想以及在英国文化研究事业初期的作用。在博士学位论文方面，2006年，北京大学的徐德林在其博士学位论文《英国文化研究的形成与发展》中，用一节内容讨论了霍加特。

相比之下，国外的研究角度更加多样化，研究成果也更加丰硕。2006年4月，在英国谢菲尔德大学召开了题为"理查德·霍加特的用途"（*The Uses of Richard Hoggart*）国际会议，会议集中讨论了霍加特的生平和作品。会后在霍加特研究专家苏·欧文的主持下出版了论文集《理查德·霍加特与文化研究》（*Richard Hoggart and Cultural Studies*），同年出版的还有《重读霍加特》（*Re-reading Hoggart*）。两本集子中收集了如斯图亚特·霍尔、史蒂芬·科林尼、劳伦斯·格罗斯伯格、约翰·哈特雷等著名文化研究学者的论文。这些论文视野开阔，集中讨论的问题包括霍加特与理论、霍加特与青年亚文化、霍加特的文学—社会学方法以及与之相关的文学批评和文化研究关系问题、霍加特与认识论和霍加特与政治，等等。其中，特别值得一提的是霍尔的《理查德·霍加特、〈识字的用途〉和文化转向》，该文章从霍加特对"文化"的人类学定义出发，阐明了霍加特的"方法论创新"、文化研究跨学科传统的核心等问题，揭示了霍加特与法兰克福学派文化批判传统的"决裂"。

2012年，《理解霍加特：希望教育学》的出版标志着世界上第一本也是唯一一本霍加特专著的诞生。该书共六章，由三位学者迈克·贝利、本·克拉克及约翰·K. 沃尔顿合著。第一章认为，霍加特对文学的忠诚及他在文学研究方面的训练从整体上塑造了他的批评实践。他既继承了利维斯夫妇对文学作品的社会意义的关注，又拒绝了他们的精英主义；霍加特的作品以其非专业化的语言、易理解的文学风格等践行了一种民主政治。第二章有关霍加特的自传体写作，核心观点是这种写作方式质疑了权威的学术话语形式，尤其是合法的批评必须客观中立，排除个人经验的传统观念。第三章集中探讨了霍加特的事业和写作的关系，以及"工人阶级知识分子""奖学金男孩"和"民主学术"等概念。第四章以遗憾的口吻阐述了霍加特对历史学科的忽视及其原因。第五章和第六章则都集中在霍加特与公共政策这一问题上。也许是合著的原因，全书结构略显松散，然而瑕不掩瑜，该书首次比较完整地向世界呈现了霍加特的思想和作品。

此外，汤姆·斯蒂尔在《文化研究的兴起：1945—1965》第六章《文化之间：理查德·霍加特和流行文化》(*Between Cultures: Richard Hoggart and Popular Culture*) 中探讨了文化研究与成人教育的关系，是了解霍加特与文化研究起源的必读章节；安德鲁·古德温在《跨学科的使用和滥用》(The Uses and Abuses of In-discipline) 中论述了《识字的用途》的价值，即霍加特发展了跨学科的文化研究方法论，将文本融合到了生活经验模式中；同时该书以阶级为核心，详细地记叙了工人阶级生活的点滴。而约翰·科纳的《研究文化——反思与评估：采访理查德·霍加特》(*Studying Culture-Reflections and Assessments:*

An Interview with Richard Hoggart)、霍加特本人写的《回首：与尼古拉斯·特雷德尔的面谈》（*Looking Back: An Interview With Nicholas Tredell*）以问答对话的形式为我们了解霍加特提供了丰富的信息。

本综述在广泛阅读霍加特作品及其研究资料的基础上，梳理并力图围绕以下几个核心问题——霍加特与文学批评、霍加特与理论以及与之相关的文学批评和文化研究关系问题、霍加特与认识论和霍加特与政治等一一展开论述。

（一）霍加特：文学批评（litcrit）与批判性文化素养（critlit）

与 F. R. 利维斯一样，霍加特最先是作为研究奥登的文学评论家被聘为伯明翰大学英语系教授的，在他之前被聘用的是一位莎士比亚专家。在成立了伯明翰当代文化研究中心（Centre for Contemporary Cultural Studies, CCCS，亦称"伯明翰中心"）之后，他依然在英语系授课。然而，同利维斯一样，他对文学和文学理论的热情不能仅看作一种"个性的表达"（expression of a personality），而是基于对战后整个英国社会的细致观察。经济的繁荣，以报纸和电视为代表的大众传媒的兴起，工人阶级传统价值观和生活方式的改变，知识分子阶层和教育所面临的问题等，以及对这些问题的思考不仅贯穿《识字的用途》一书始末，也是他后来文章的核心。

霍加特深受利维斯文学批评传统的影响，主要表现为对其文本细读方法的继承、对作品所体现的道德的关注等。然而，霍加特的出色之处恐怕要归功于他对利维斯夫妇的不满。在《文化研究四十年——理查德·霍加特访谈录》一文中，霍加特表达了对 Q. D. 利维斯的抗议，认为她在谈论通俗小说时，仿佛总是"在鼻子上定了一根撑碟杆"。[①] 她对工人阶级的描述与他熟知的工人阶级相去甚远，因此，才有了《识字的用途》中的第一部分，而原本"第二部分才是开头，前面只是容纳这些事情的背景"。[②]

一方面，霍加特肯定阿诺德的"所思所言之精华"，认为它们是"通过语言表达非凡想象的力量"，并且在很大程度上继承了阿诺德—利维斯"文学治国"的文化意识形态；另一方面，霍加特扩展了文学和文化的概念。

---

① 马克·吉普森、约翰·哈特雷：《文化研究四十年——理查德·霍加特访谈录》，胡谱中译，《中国传媒大学学报（现代传播）》2002 年第 5 期，第 83 页。

② 马克·吉普森、约翰·哈特雷：《文化研究四十年——理查德·霍加特访谈录》，胡谱中译，《中国传媒大学学报（现代传播）》2002 年第 5 期，第 83 页。

尽管他承认工人阶级文化与英国智慧和想象的最伟大成就之间的区别，但他坚持工人阶级文化的合法性。"文学"，尤其是工人阶级艺术，并非"音乐厅"意义上的艺术或娱乐，并非充满先锋意味或者异国情调的"探索"（exploration），而是一种"展示"（show），对已知事物的表现。普通人的普通生活，家常的、周围的、当下的事物和工人阶级的价值观，诸如对家庭的重视、忠诚等，都提供了很好的"参考点"（point of reference）。

然而，工人阶级文化正受到大众传媒的侵蚀，工人阶级的阶级身份在流变。为了抵制此种文化颓势，霍加特将文学批评的方法用于"阅读"工人阶级日常生活文化，提出了"批判性识字"（critical literacy）的概念。考虑到工人阶级文化向来是利维斯等人批判的对象，霍加特此举可谓"以其人之道，还治其人之身"；反过来，西方世界在 20 世纪 60 年代普遍经历了人文学科和社会科学的危机，霍加特将大众文化、报纸和电视机等纳入英语研究的对象范围，重新拓展了文学的疆土，在新的历史境遇中定义了文学和文学批评。

在《文化研究四十年》一文中，霍加特如此定义"批判性文化素养"："它意味着学会使思想锐利，更仔细地观察社会，提出疑问。"① 他特别强调，这种文化素养不能等同于"传媒文化知识"，因为在民主社会，尤其是商业民主社会中，不鼓励人们具有批判意识，不给予人们一种批判性文化素养，而只给予他们仅够填写足球赠券和彩票赌券、阅读《太阳报》等的能力是不够的。② 霍加特的"批判性文化素养"首先是一种思维能力，他鼓励人们在日常生活中使用这种能力。由此，"批判性文化素养"即辨别文化产品质量的知识。

如何才能获得这种素养呢？与利维斯一样，霍加特将希望寄托丁文学批评。弗朗西斯·马尔赫恩在《文化/元文化》中认为，霍加特的第一原则是"文学浪漫主义"，表现为他对文学作为一种知识和判断模式所具有的先天优越性的坚信不疑。"如果文学不像文学一样发生作用，我们又如何能够理解，更不消说表达人与人之间关系的复杂性呢？除非你知道这些东西如何作为艺术发生作用，即使有时只是'坏的艺术'，否则你所说

---

① 马克·吉普森、约翰·哈特雷：《文化研究四十年——理查德·霍加特访谈录》，胡谱中译，《中国传媒大学学报（现代传播）》2002 年第 5 期，第 83 页。

② 马克·吉普森、约翰·哈特雷：《文化研究四十年——理查德·霍加特访谈录》，胡谱中译，《中国传媒大学学报（现代传播）》2002 年第 5 期，第 83 页。

的都只是隔靴搔痒（not cut very deep）"。① 而文学批评
对主题和修辞的特别分析正是理想的方法。

斯图亚特·霍尔《霍加特、识字的用途和文化转
向》一文中，简明扼要地概括了霍加特的"文本细读"
的文学批评方法对于文化研究的重大意义。在伯明翰当
代文化研究中心初期所成立的由霍加特主持的工作小组
中，他引导学生细读诸如威廉·布莱克的《老虎》、
D. H. 劳伦斯的《儿子与情人》和乔治·奥威尔的《杀
死大象》等文学作品，分析文本的称呼方式（mode of
address）和暗含的对观众的态度等。这些都与他所主张
的"为语气而读""为价值而读"不谋而合。

20世纪70年代后，整个研究中心与这种方法渐行
渐远，但这种细读的方式从未消失。正如霍尔所认为的，
霍加特对语言十分敏感，并且坚持认为"流行和大众文
本是作为艺术，即使是'坏的艺术'发生作用"。这一
评论"尽管没有完全绕过大众文化讨论中的阳春白雪与
下里巴人、好与坏等传统二元范畴，却加强了人们对语
言的关注：语言是一种文化模式（cultural model），是文
化赖以发生作用的象征形态（symbolic modality）"。在

---

① Richard Hoggart, *Speaking to Each Other: Volume 2: About Literature* (Harmondsworth: Penguin, 1973) , p. 25.

此意义上，文学和语言形成了某种"通过符号造成的延迟"（delay through the symbolic），而没有这种"延迟"，文化研究就面临简化论的危险。另外，对读者的重视、对效果（effects）的讨论支撑了后来的编码/解码和积极受众论。

（二）霍加特与理论

霍加特与理论的关系比较复杂。通常认为，在写作《识字的用途》时，霍加特并不认为自己是个理论家，他对 20 世纪六七十年代比较有影响力的理论没有好感，并且鄙视"为了理论而理论"，仿佛理论可以先于基于经验的分析找到问题的答案。霍加特的"文化研究"并非建立在理论的基础上，而根源于成人教育实践。不过，在后来撰写的某些文章中，霍加特对理论的态度有所变化，他对法国的语言学和符号学等持鼓励和欢迎态度。

有学者认为，霍加特之所以不喜欢理论，乃基于他对工人阶级的这种认识：他那个时代的工人阶级尽管都识字，但没有"理论"能力，因此任何写给普通人看的书必须是"反理论"的。考虑到霍加特的"理想读者"是"聪明的外行人"，该理由有一定合理之处。然而，与其说霍加特"反理论"，不如说他修正了人们对"理论"的理解。在《识字的用途》一书中，霍加特在非常浅显的意义上使用"哲学""理论"这样的词汇。例如在谈到工人阶级家庭对第一个意料之外的孩子自然而然的态度时，他写道："第一个意料之外的孩子通常被'哲学'地接受；毕竟，你结婚不就是为了这个吗？这是一种非常'哲学的'但不夹杂丝毫感伤的接受。"①不难看出，工人阶级所有的哲学不外乎一种基于经验和常识的知识，"哲学"并非高深和晦涩难懂，而是一种"自然而然"的东西。

在文化研究中，理论有时充当了知识分子故弄玄虚，以达到将流行文化排除在传统之外的一种目的。霍加特对此深恶痛绝。他认为，文化研究是一种民主实践，学者、知识分子要尽可能地与民众对话，而理论不但预设了观众的类型，而且阻碍了民主交流。另外，理论的体制化导致理论成为一种仅限于小群体的语言，沦为知识分子的谋生手段；"为理论而理论"割裂了理论与历史的联系，减弱了文化研究干预实践的能力。

认为霍加特"反理论"的另一个原因是，《识字的

---

① 原文如下：it (the first unintended child) is usually accepted "philosophically"; after all, "what did yer get married for?" it is a philosophic acceptance but one without much sentimentality。

用途》以自传体形式写成，夹杂着作者对儿时的回忆和有关工人阶级生活的大量经验性描述，与理论格格不入。这也导致霍加特在 20 世纪 70 年代文化研究出现空前的"理论热"时一度被遗忘。然而，与通常观点相左，法国著名文化研究学者让·克劳德·巴色洪在《识字的用途》法文版序言中却对霍加特的理论赞誉有加。他认为，霍加特的自传体元素不但不是缺点，反而是优点，因为它使作者"将自己的判断相对化"（relativise his own judgement），从而避免了中产阶级知识分子"似是而非的客观性"（specious objectivity），并迫使他们直面自己的偏见。不仅如此，这种自传体形式"使作者能够诚实地再现、理解工人阶级的文化，并恢复工人阶级在文化中的声音"。具体而言，巴色洪在霍加特生动的描述中发现了理论活力。他认为，霍加特"保持距离，同时参与"（distancing and participation）的方法让《识字的用途》能够因袭民族志的传统，成就了其"科学合法性"（social validity）。与一般科学研究以保持距离感为前提不同，霍加特"缺乏"距离感，这使他能够更加全面地描述工人阶级生活的方方面面，"让研究对象自己说话"。同时，他揭露了看似中立的科学语言后面隐藏的知识分子自利的意识形态。

巴色洪的评述中充斥了科学主义。这与巴色洪本人的学术背景有关。在 20 世纪 60 年代，他便与布尔迪厄合作，一起探索流行文化的认识论基础。他们与当时的罗兰·巴特和阿尔都塞一样，都醉心于对知识的探究：前者致力于从语言学角度说明科学和文学的不同，后者则是结合了马克思主义、弗洛伊德心理学和结构主义，试图突破意识形态的樊篱，而巴色洪力求证明社会学方法论的科学基础。这些努力均遭到了"科学至上主义"的诟病。

近年来，随着学界对理论的反思，越来越多的人意识到，理论只是实践缺失时的替代品，不确定的实践总是超出决定性的"结构",[①] 霍家特的"生活经验"重新引起了广泛的讨论。与米歇尔·德·塞托的《日常生活实践》和列夫斐尔的《日常生活批判》一样，《识字的用途》也开启了某种"生活哲学"。苏·欧文在《霍加特与妇女》一文中认为，霍加特与女权主义，至少是 20 世纪 80 年代英国女权主义有相似之处，二者都从日常的、个人的生活和细节中创造出意义，甚至某种政治意义。另外，随着后现代民族志研究越来越多地关注叙

---

① Peter Brantlinger, *Crusoe's Footprints* (New York: Routledge, 1990) , p. 187.

事手法、作者与研究对象的关系及作者对自我经验的反思，霍加特的文本焕发出新的活力。

（三）霍加特与文化研究的认识论

弗朗西斯·马尔赫恩在其著作《文化/元文化》中提出，文化研究倾向于错误地认识自己：它在否定法兰克福文化批判社会价值的同时保留了其深层次形式，并以自己的战略想象不断重复这种形式。文化批判是"元文化"，不可避免地，文化研究即文化批判。然而，霍尔认为，"谱系并非命运"，霍加特对"文化"的人类学定义标志着与以阿多诺为代表的文化批评传统的"决裂"。《识字的用途》便是这样一种"决裂的文本"。他认为，霍加特的文学—社会学方法为霍尔所谓的"认识论决裂"（epistemological break）① 提供了例证。

同样地，劳伦斯·格罗斯伯格在其论文《霍加特、文化研究和当下的诉求》中提出，文化研究在回应特殊的历史语境、社会变化、政治挑战和新的理论争论中形成，忽略文化研究产生的历史复杂性导致人们将它与一

① 霍尔在同一篇论文中认为，霍加特对"文化"的定义标志着与以阿多诺为代表的"文化批判"（kulturkritik）传统的决裂（break with），他认为《识字的用途》是这样一种"决裂的文本"（a text of the break），故此处将"break"翻译为"决裂"。

般的对社会变化的文化批判（如法兰克福的文化批判）混淆。尽管文化研究继承了法兰克福的部分遗产，但至少在文化—社会学的关系问题上背离了前者。

格罗斯伯格借用大卫·斯科特的术语"问题空间或问题群"（problem space or problematics）来描述"语境"，认为不同的历史关头形成了不同的概念—意识形态问题空间。在此基础上，他提出了文化研究的"认知问题群"（epistemological problematics），具体包括能动性和抵抗问题群、权力和主体性问题群以及霸权性斗争问题群。而霍加特在某种程度上回应了不同于以上的问题群，格罗斯伯格将它归结为"认知问题群"。在这个问题空间中，文化研究的任务是驳斥任何形式的知识单视觉（single vision of knowledge），无论是科学认识论主张、行为主义、功能主义、实用主义还是政治经济学甚至美学形式主义和宗教激进主义等。

该问题群将霍加特及部分文化研究工程置于精神科学（Geisteswissenshaften）及后来关于方法论论争（Methodenstreit）传统中。《识字的用途》提供了通向社会变化理论的认识论入口，霍加特将该理论折合为修正兼改编，即后来霍尔提出的"接合"理论。他试图将文化阐释的认识论与社会变化的问题相关联，将人文科学的认识论与马克思、韦伯、杜克海姆等人提出的社会理论相关联。遗憾的是，尽管霍加特作出了努力，他的方法论——"为语气而读（reading for tone），为价值而读（reading for value），为意义而读（reading for meaning）"——却未能完成他对文化研究的设想。

总结来看，文化研究主要批判了以下思维和命题：对知识的学科性组织（文化研究因此是"反学科"或者"跨学科"的）；二元对立思维（文化研究总是寻求"中间立场"，强调多元化而非差异）；简化论（文化研究强调生活的复杂性，拒绝将生活简化为单向度）；普遍性和对完整性的渴求［文化研究强调"语境主义"（contextualism），具体的政治、地理和历史环境］；科学客观性（文化研究强调知识分子的激情和义务）。

（四）霍加特与政治

查理·艾丽丝在《相对主义和复旧：霍加特和保守主义》一文中将霍加特归结为"左翼保守派"。该派别的早期开创者之一是乔治·奥威尔。这里的"保守"（conservative），不是大写的 Conservative（保守党），而是卡尔·曼海姆所说的某种"传统行为"或倾向，它与政治或其他种类的保守主义没有关系，而且在政治上主张"渐进"的个人在生活的很多方面是因袭了传统方式的。① 查理·艾丽丝将此归结为"意识形态的前后不一致",并且从霍加特对其朋友 A. H. 哈尔西自传的评价②中找到了依据。换言之,霍加特在美学意义上是"保守的",但是在政治上并非完全如此。霍加特与保守党的主要分歧体现在对市场及其相应的价值观上。保守党在经济上奉行有竞争的市场经济,而这种商业化和竞争机制在文化上对工人阶级造成了一种"掠夺":当代文化现象——封面光滑的杂志、通俗小说、流行歌词——既没有表达出也没有界定工人阶级的传统精神气质。文化市场的大众化是一种来自外部的"方式",同时利用遗传的力量和弱点,迫使工人阶级读者沦落到道德败坏的下层社会。而且,市场经济在政治和道德上导致了某种"冷漠主义",进一步间接地形成了某种"钝化"。这与战后英国因帝国主义政治衰落,需要建立某种文化优越或"文化怜悯"的动机不谋而合。

霍加特反对这种"文化掠夺",认为它比经济掠夺

---

①　Karl Mannheim, *Conservatism: A Contribution to the Sociology of Knowledge* (London: Routledge, 1986) , p. 29.

②　哈尔西 (A. H. Halsey) 在其自传中将自己描述为"一个社会主义者和一个保守主义者",霍加特认为这是一个"令人羡慕的组合" (an admirable combination) 。

更隐蔽、更糟糕。他也因此被称赞为"工人阶级的英雄"。弗朗西斯·马尔赫恩在《一种福利文化?》中提出，霍加特是一名为本阶级服务的"沙文主义者"："他是'一个天生的社会主义者'，坚决献身于本阶级的利益……其独特新颖之处在于他要在变化的社会环境中恢复为公众服务的知识分子的自由传统。在他身上，战后英国的劳工运动找到了自己的马修·阿诺德。"①

这个"阿诺德"依靠的是语言和文学，而不是建立一个商会或者工人俱乐部。实际上，霍加特将工人阶级"去政治化"了。他认为，普通人对政治是冷漠的，工人阶级的激进主义是少数派活动，因此，不予考虑。对此，威廉斯批评道："工人阶级唯物主义（working-class materialism）必须被当作一种'人文'价值（a 'humane' value）得以捍卫，霍加特将工人阶级的激进主义看作一种少数派的活动是错误的。其二，这个'少数派'继承并保存了工人阶级的传统——争取民主的斗争、工会和社会主义。"②

在霍加特写作的年代，英国乃至整个西方文学都陷

---

① Francis Mulhern, "A Welfare Culture? Hoggart and Williams in the Fifties," in *Radical Philosophy*, no. 77 (May/June 1996): 26.

② Raymond Williams. and Richard Hoggart, "Working-class Attitudes (a conversation)," *New Left Review* 1 (January-February): 26-30.

入了现代文学的旋涡当中，例如哈罗德·品特、本·约翰逊的新戏剧，《等待戈多》的虚无，法国存在主义所提倡的"去做而不是存在"（doing instead of being）。而霍加特依然是"先思考，再规划，置换并转化布莱希特"。在《文化研究四十年》一文中，当问到"你怎样看待批判性文化和政治行动的关系"这个问题时，霍加特答道："两者互相作用，否则就会改变性质。也就是说，批判性文化素养和知识分子的想象力应为行动提供养料，否则行动将会失去它的目标，降低它的品格。"伯明翰当代文化研究中心在 20 世纪 70 年代变得更加政治化，即转向了另一种形式的政治。这种政治似乎与霍家特在《对话》中提出的民主政治的概念渐行渐远，因为它暗示了某种"结构性变化"。霍加特对此是完全反对的。在《文化研究四十年》中他说道："我认为一切都必须从我的老朋友奥利佛·威利所说的'社会自身的争论'开始。所以，许多人认为必须随社会规划而动，我却以为那些说这些话的人站在'浅腹地'，它没有充足的基础。所以，我一直不停地表达己见，而且，我并不孤单。先思想、再规划，置换并转化布莱希特。"①

二、创新之处

结合文化研究产生的具体历史语境，本书将霍加特放置在现代主义和后现代主义的思潮下加以考察，在解决具体问题时以福柯的权力观、阿尔都塞对文学与意识形态关系的阐述、利维斯及奥威尔的"身体"理论等为工具和参考点，力图呈现霍加特思想中的模糊性和不彻底性。

1837 年，维多利亚女王登基。在她统治时期，英国一度取得世界贸易和工业的垄断地位，科学、文化、艺术出现繁荣的局面。19 世纪中叶，英国经济发展迅速，物质丰富，国力昌盛。但是资本主义制度所引起的各种社会矛盾亦十分尖锐，社会主义思潮开始流行，作为西方文明基石的基督教受到科学思想的挑战，日益衰微，在繁荣景象的背后潜伏着焦虑不安的暗流。马修·阿诺德敏锐地捕捉到时代的脉搏，在《写于雄伟的卡尔特寺

---

① 马克·吉普森、约翰·哈特雷：《文化研究四十年——理查德·霍加特访谈录》，胡谱中译，《中国传媒大学学报（现代传播）》2002 年第 5 期，第 85 页。

院的诗章》（Stanzas from the Grande Chartreuse）中揭示
了人们的处境："彷徨在两个世界之间，一个已经死去，
另一个无力诞生。"

　　一个世纪之后，霍加特在《识字的用途》中引用这
首诗描述了奖学金男孩的处境，① 表达了同样的踟蹰和
彷徨。历史如此相同，却又如此不同。1956 年的苏伊士
运河危机表明，往昔的日不落大英帝国已不复存在，英
国必须重新定义自己在国际舞台上的位置。英国民众对
此次危机的反应是复杂且矛盾的：一方面，他们对英国
政府的殖民活动深感厌恶；另一方面，他们备感失望，
国人的自满导致了英国超级大国地位的衰落。这一衰落
还体现在"逆向"移民潮上。与殖民时代的殖民迁移相
反，战后大量人口从前殖民国家（现在的"英联邦"）
涌向英国。新左派某种程度上正是这股"逆向"移民潮
的最佳例证：斯图亚特·霍尔来自牙买加，查尔斯·泰
勒来自加拿大，多丽丝·莱辛则是罗得西亚籍。与 20 世
纪 30 年代从殖民国家来到英国的知识分子不同，这批新
左派的成员没有返回自己的祖国，而是永久定居在英国。

　　除了"逆向"移民潮引发的"地理运动"之外，战

---

　　① Richard Hoggart, *The Uses of Literacy* (London: Chatto & Windus, 1957),
p. 245.

后的英国社会还经历了显著的社会变化。1945年，以克
莱门特·艾德礼为党首的工党打败丘吉尔领导的保守党，
成为二战后首任执政党。尽管丘吉尔在整个选举活动中
占据了统治地位，但工党在和平时期的社会重建问题上
大做文章，无疑更加符合已经被战争折磨得筋疲力尽的
英国社会各阶层的政治利益。在执政的六年时间里
（1945—1951年），工党在社会保险、医疗、住房和公共
教育领域进行了立法，从而建立了"从摇篮到坟墓"的
社会福利体系。同时，随着全球经济由以生产为基础转
变为以服务为基础，阶级差异被重新定义。如罗斯·麦
基宾所认为的，1918—1951年，英国的阶级结构经历了
缓慢却显著的变化：诞生了以从事服务行业的工人阶级
为主体的新阶级——底层中产阶级，这意味着中产阶级
和工人阶级之间的差距不断缩小，在某些情况下甚至消
失了。[①]（霍加特在《识字的用途》中特别提到了这个崭
新的社会群体，但将其一并归为工人阶级）。

　　正是在这样的历史背景下，在现代主义向后现代主
义、殖民主义向后殖民主义、帝国主义向全球化过渡的
广阔背景下，新左派产生了。

---

① Ross Mckibbin, *Classes and Cultures: England, 1918-1951* (Oxford: Oxford
University Press, 2000) , p. 457.

一方面，新左派可视作以多样和流变的身份类属为基础的后现代社会运动的先驱。如格兰特·法德所认为的，新左派深受第三世界激进主义的影响，从它在苏伊士运河危机中对纳赛尔的同情中可见一斑;① 新左派的很多参与者，如上文提到的"逆向"知识分子移民和奖学金男孩，虽然在牛津大学和剑桥大学接受了高等教育，却由于阶级、种族或国籍被排除在权势集团之外。尽管是社会主义者（无论是道德社会主义者还是其他），他们拒绝铁板一块的阶级身份，充分意识到"工人阶级"这一类属的流变。正如威廉斯在与霍加特的讨论中所写的："客观上身为工人阶级和感觉上认同工人阶级与投票赞成工人阶级政党之间不存在自动的对等关系。"② 而且，与法国理论家德·塞托一样，新左派（尤其是以霍加特、威廉斯和汤普森为代表的第一代新左派成员）缺少对宏大的理论元叙事的热忱，更多地转向日常生活和流行文化，从中寻求抵抗和意义的改变。另外，新左派从人类学意义上定义了民主的、多元的文化，与知识分子精英定义的美学意义上的"文化"形成了鲜明对比，

① Grant Farred, *Midfielder's Moment: Colored Literature and Culture in Contemporary South Africa* (Boulder: Westview Press, 1999) , p. 93.

② Richard Hoggart and Raymond Williams, "Working Class Attitudes, " *New Left Review* 1 (January–February 1960): 28.

是后现代文化多元主义的提倡者。

　　另一方面，新左派承载着现代主义而非后现代主义愿景，它忠于共性（commonality）、完整性和整体性，而不是流变和碎片。在霍加特的文本中，整体性的概念既表现为流行文化威胁下岌岌可危的社会凝聚力，又可理解为对真正的"无阶级"乌托邦社会的美好憧憬。尽管他所提倡的"共同文化"是包括文学作品和园艺等社会生产实践在内的多元文化，这种文化仍以"普世主义"和平等为基础，是普通人参与意义选择和建构中的结果。杰德·埃斯蒂认为，共同性的目标与一种完整的民族文化概念相关，因此可将霍加特及威廉斯等新左派视为"晚期资本主义"事业的一部分。在这项事业中，随着大英帝国的衰落，民族身份被重新改写。在伍尔夫和艾略特的晚期作品中，"人类学眼睛"由外转内（英国本土），结果，英国性既被相对化为众民族文化的一种，同时被书写为统一的身份。进一步地，英国性不再是大英帝国处在巅峰时期时的"未标记的通用物"（an unmarked universal），而被再生产为一种"带标记的通用物"（a marked universal）。凭借它，英国性逐渐成为"现代民族主义的原型，从工业阶级社会传承下来的共有传统的原型"。① 因此，新左派或早期文化研究占据了后现代相对主义和现代普世主义之间的中间位置。它试图调和高雅文化和大众文化，孜孜不倦地追求完整性和整体性。

同新左派一样，霍加特亦处于现代主义和后现代主义的夹缝中。当然，我们无意将霍加特简单地等同于新左派，这既抹杀了新左派内部成员思想的丰富性和复杂性，也忽视了霍加特本人的具体性和特殊性。当然，我们既无意单单强调现代主义和后现代主义的对立而忽视二者在某些方面的连续性和一致性，也无意忽视不同国家、不同民族发展的不同历史时刻表，然而，差异产生意义，将霍加特放置在现代主义和后现代主义的夹缝中为我们提供了一种有利的视角，用对比的形式对二者加以阐释有助于论述。

首先，鉴于"现代主义"和"后现代主义"的语义严重超载，为了切合论述目的，本书要对这两个术语进行限制，并在此基础上通过对比凸显二者的含义。与霍加特相关的"现代主义"意指精英文化（高雅文化），"普世主义"，对整体性、完整性和共性的向往，而人类

---

① Jed Esty, *A Shrinking Island: Modernism and National Culture in England* (Princeton: Princeton University Press, 2003), p. 14.

学意义上的文化、流变的身份、宏大理论叙事的消解、日常生活实践和流行文化的抵抗则是"后现代主义"之所指。在具体阐述核心观点时，我们认为，首先，霍加特从人类学意义（而非美学意义）上重新定义了"文化"，将工人阶级文化视为可以与弥尔顿、莎士比亚比肩的重要研究对象；而研究对象的变化意味着研究方法须随之改变，霍加特的"社会阐释学"和"文化阅读"可以视作方法论方面的尝试。没有对文化的新定义和方法论创新，文化研究兴许不会发生。然而，深受阿诺德、利维斯的影响，霍加特的精英文化情结挥之不去，具体表现为其研究对象的模糊性和研究方法转变的不彻底性。这种不彻底性最终可以归结为文化研究的价值观问题。科林·斯帕克斯认为，文化研究将自己定义为评价性学科，作为传统文学研究的对立面，必须创造出更适合自己的价值观体系。然而，高雅文化的标准不适合文化研究。文化研究的价值观扎根于前工业化时代的"有机社会"，无法为分析文化的历史经验提供有利位置。①

其次，作为文化主义范式的代表，霍加特强调日常生活经验和工人阶级的主体性，一定程度上回应了后现

---

① Colin Sparks, "The Abuses of Literacy," in *CCCS Selected Working Papers*, Vol. 2 (London: Routledge, 2007), p. 113.

代宏大理论叙事的消解；他的民族志方法开启了普通人日常生活实践的抵抗，体现了自下而上的权力流动。然而，在谈到以"电唱机男孩"为代表的工人阶级青少年时，霍加特抛弃了他"知情人的笔触"，"抵抗"屈膝服从于享乐主义。与霍尔等第二代新左派成员相比，霍加特对经验特权的强调导致理论发育不良，集中表现为拒绝接受分析区分的原则，对乔装打扮或不自觉的理论租借缺乏认识以及没有将具体研究的成果充分理论化，这是他的不足。然而，与其说霍加特是一位反理论者或无关理论者，不如说他反对的是晦涩的理论语言，以及这种语言的反民主倾向；不如说他反对的是以自身为目的的理论的学院化和体制化。他借助口语化的非专业语言获得了与"聪明的外行人"的良好沟通，充分表明，文化研究是一种民主实践。

最后，无论是早期在从军实践中建立三大艺术俱乐部，还是发表《第二会议绪论》，或是强调"为语气而读"，霍加特都表现出对有差异的共同社会和共同文化孜孜不倦的追求。然而，尽管从语言的传播层次讲，兴许存在共同文化，但在体制和制度方面，共同文化无异于黄粱美梦。共同社会亦面临着流动身份的挑战，青少年亚文化的兴起便是身份不确定性的例证。在霍加特对青少年亚文化的分析模式中，阶级是重要且唯一的分析类属，种族、民族和代际关系等因素被忽视了。

总而言之，霍加特身上表现出多重悖论：高雅文化和流行文化，理论和经验，抵抗和抵抗消失，整体和分裂，共性和差异……这些都可归结为现代主义与后现代主义的对立。不过，在现代普适主义和后现代多元主义的天平上，霍加特更倾向于前者。他拒绝对文化价值的多元构想，认为某些普适的价值观存在于任何文化形式和文化实践，包括工人阶级文化。在《识字的用途》中，他提出，工人阶级的日常语言和流行文化表现了与高雅文化类似的特征：反讽、批评、同情和责任等，因此，"现在生活于工人阶级即是属于一种遍及各处的文化（an all-pervading culture），这种文化在某些方面与上层阶级文化一样注重形式和风格化（one in some ways as formal and stylized as any that is attributed to, say, the upper-class）"。① 尽管《识字的用途》主要关注的是传统工人阶级文化，霍加特亦讨论了文化变化及大众识字能力对社会结构和传统工人阶级身份的影响。他对待这些变化的态度是谨慎的。变化可能为建设共有文化铺平

---

① Richard Hoggart, *The Uses of Literacy* (London: Chatto & Windus, 1957), p. 32.

道路，然而，某些流行杂志危及了可能的"无阶级性"，它们廉价而浮华的价值观使得建立真正的社区化为泡影。因此，霍加特对工人阶级文化的辩护是挽歌式的，对变化所允诺的美好憧憬难掩他对大众文化侵蚀下社会凝聚力削弱的忧心忡忡。

身处现代主义和后现代主义的夹缝之中，霍加特不属于任何一个世界，无根感、焦虑感、思想上的崇高追求和行动上的怠惰如影随形。然而，尽管希望亦无处可寻，他并没有完全沉溺于悲观和绝望，而是以一种后现代式的反省和自嘲为自己，也为读者画上了句点。

第一章

在"墙外"发现工人阶级文化

第一节 "发现"工人阶级文化

在后现代社会谈工人阶级文化似乎是不合时宜的。东欧共产主义阵营土崩瓦解，消费主义势不可挡及身份政治不断崛起似乎共同宣判：阶级作为传统分析类别已然失效。同样，"意识""经验"等概念工具不断遭到质疑——它们本身已被视作亟待解决的问题。更为重要的是，现代主义对这些概念的同质化和物化删略了它们的推论和历史源头。帕特里克·乔伊斯写道：

> 现代主义可以想象为对历史宏大叙事的书写。在这种书写中，形形色色的叙事扮演了主导角色，如科学和进步叙事，自由主义、社会主义和保守主义叙事。从现代主义角度透视，这些叙事提供了知识，带来了力量。而从后现代主义角度出发，权力创造知识，而非知识产生力量。①

---

① "Introduction" in Patrick Joyce (ed.), *Class* (Oxford and New York: Oxford University Press, 1995), p. 8.

这些似乎都说明，关于"工人阶级文化"的特定思考方式业已走向了尽头。然而，回到 1958 年的英国，正是这一概念被威廉斯识别为"我们时代的关键问题",①"占据了一代人的思想"。② 此外，"阶级文化"如今或许穷途末路，但文化研究方兴未艾，继理查德·霍加特创建伯明翰学派之后已在全球撒播开来。当然，英国文化研究并不等于工人阶级文化，霍加特也并非英国文化研究的唯一创始人，然而，倘若当年没有他对工人阶级文化的"发现"，英国文化研究兴许就不会发生，更谈不上他对文化研究的诸多启发。本节试图从历史侧面描述、证实、复原甚至生产"真实的"工人阶级文化。

一、"工人阶级"的历史发现

"我倾向于这样看：关于流行文化的书往往失去了部分效力，因为它们没有说清楚'人民'（the people）

① Raymond Williams, *Culture and Society: 1780 - 1950* (London: Penguin Books, 1961) , p. 307.
② Raymond Williams, "Culture and Revolution: A Comment, " in Terry Eagleton and Brian Wicker (eds.) , *From Culture to Revolution* (London and Sydney: Sheed and Ward, 1968) , p. 24.

指的是谁"。① 霍加特在文化研究的扛鼎之作《识字的用途》序言中开门见山地批判了大部分有关流行文化的著作。同时，他将阐明"人们是谁"自设为《识字的用途》的任务之一。

从语义上讲，"人民"指人类的任何一个团体：男人、女人、老人、孩子是"人民"，一个国家的全体公民是"人民"，一个家庭的所有成员也是"人民"。因此，林语堂的《吾国与吾民》中有缠足的妇女（社会群体），有老成温厚的中国人（国家公民），还有腐败的裙带（家庭成员）。集体性和模糊性是"人民"的本质属性，"人民"似乎拒绝被发现、被诉说。然而，该情形在18世纪的欧洲发生了变化。这一时期，如皮特·伯克所认为的，随着文化逐渐被定义为相互分离的"阳春白雪"和"下里巴人"，社会团体之间的差异概念得以产生并不断加强，"人民的发现"便清晰可见了。② 因此，差异而非集体性是"人民"的身份证，而文化则是差异的标示符。

---

① Richard Hoggart, *The Uses of Literacy* (London: Chatto & Windus, 1957), p. ⅱ.

② Peter Burke, "The 'Discovery' of Popular Culture" in Raphael Samuel (ed.), *People's History and Socialist Theory* (London: Routledge, 1981), p. 216.

现代社会"人民的发现"接二连三地预演，然而，在二战后的英国，这个"发现"呈现了新的曲折变化：工人阶级作为"人民"被发现了，尽管其文化仍备受质疑！一大批著作致力于解决类似丹尼斯·马斯登和布莱恩·杰克逊在《教育和工人阶级》中所提出的问题："工人阶级（全国人数的3/4）果真像班主任们说的那样，没有什么自己的东西贡献给文化遗产吗？他们如此'崭新'，如此原始，如此空白吗？"[1] 斯图亚特·莱恩显然不认同"空白的工人阶级"之说法，他在《对工人阶级生活的再现》中通过讨论大量聚焦"普通人"经验的文学、电视和电影文本，再现了1957年工人阶级丰富的文化实践。《识字的用途》"可视作一个相当普遍却具有历史特殊性的主题的一部分，即古老的城市工人阶级进入社会"。[2]

工人阶级进入英国社会是战后一系列政治、经济、社会等因素共同作用的结果，马尔赫恩称该合力为"福利文化"。他认为，霍加特、威廉斯和汤普森的作品是

① Brian Jackson and Dennis Marsden, *Education and the Working Class: Some General Themes Raised by a Study of 88 Working-Class Children in a Northern Industrial City* (Harmondsworth: Penguin, 1973), p. 244.

② Stefan Collini, *English Pasts: Essays in History and Culture* (Oxford and New York: Oxford University Press, 1999), p. 226.

支持了"福利文化"的良性逻辑之结果。[①] 战争之后百业渐兴，英国社会日益繁荣，这促使"大量的城市工人阶级离开黑暗、肮脏的后巷小街和那里的生活经济所支持的想象地平线"。[②] 更重要的是，教育体系发生了实质性变化，如大卫·洛奇所说：

> 新生代作家——他们具有工人阶级的社会背景，是《1944 年教育法》所通过的免费中等教育和高等教育的受益者；他们通常是家族中第一批上大学的成员，对继承而来的权力和特权心生怀疑，对社会生活中所有形式的趋炎附势、虚伪做作、滥用职权和文学艺术中的自命不凡和蓄意晦涩大加批判——取代了文学当权派，该派别由前战争时期现代主义、布鲁姆斯伯里出版集团和年迈的玩世作风残存者组成，他们主要出身于中产至上层中产阶级，上公立学校，在牛津和剑桥接受教育，居住在伦敦市

---

① Francis Mulhern, "A Welfare Culture? Hoggart and Williams in the Fifties," *Radical Philosophy*, no. 77 (May/June 1996): 26.

② Michael Bailey, Ben Clarke and John K. Walton, *Understanding Richard Hoggart* (Hoboken: Wiley-Blackwell, 2012), p. 21.

中心或乡下，陶醉于国外风情。①

　　霍加特和威廉斯等奖学金男孩即教育体系改革的产物。此外，20世纪40年代最负盛名的作家如金斯利·艾米斯（《幸运的吉姆》）、希拉德·莱尼（《蜂蜜的味道》）、艾伦·西利托（《浪子春潮》）和约翰·奥斯本（《愤怒回首》）等亦是"新生代作家"的代表。他们通过作品再现了被主流话语排斥、边缘化的工人阶级历史和经验，使得被压抑者"发声"。同时，收音机节目多样化，越来越多的人能够观看电视，成立了由政府资助的艺术委员会……文化的扩展已成为不争的事实，尽管文化价值和文化参与的正确形式有待商榷。

　　然而，对霍加特而言，"工人阶级进入社会"不仅是描述性的事实，而且是带着祈使语气的话语行为——"工人阶级进入社会！"因为传统意义上的工人阶级在消失，在"中产阶级化"，整个社会在变得"无阶级"。如霍尔在《无阶级感》一文中所描述的，很难从居住环境、消费习惯甚至生活方式等方面区分工人阶级和非工

---

① Michael Bailey, Ben Clarke and John K. Walton, *Understanding Richard Hoggart* (Hoboken: Wiley-Blackwell, 2012) , p. 22.

人阶级了，因为二者在这些方面无一不日益趋同。① "无阶级"取代了旧有的文化等级制度，造成了"民主"的假象，同时作为一种市场策略阻止了市场分流，保证了商业利益的最大化。公共政策与该市场策略趋于同一目标：通过机会均等的口号和措施无形中赞助了"无阶级"的愿景。

在"无阶级化"的过程中，传统工人阶级文化受到了以电影、流行小报为代表的商品文化的侵蚀；工人阶级生活方式被商品化为风格和景观，仿佛只有通过这两种方式才得以保存。然而，颇具讽刺意味的是，越打破区分，区分就变得越精细。在《识字的用途》中，霍加特在批判流行文化对工人阶级传统文化的侵蚀的同时，描述了工人阶级对流行文化的抵抗、改编和"为我所用"。工人阶级正是在抵制资本主义社会政治、经济和文化的侵蚀中成长起来的。这必定也是马尔赫恩在写到"公共政策正是在赞助'无阶级'愿景时任命工人阶级为真正的文化在场和话题"② 时所想到的。

---

① Stuart Hall, "A Sense of Classlessness," *Universities and Left Review* 5 (Autumn, 1968) : 26.

② Francis Mulhern, "A Welfare Culture? Hoggart and Williams in the Fifties," *Radical Philosophy*, no. 77 (May/June 1996) : 28.

二、对工人阶级文化的理论发现

霍加特等"新生代作家"在工人阶级文化遭遇危机时"挺身而出"，重新"发现"了工人阶级文化，此乃历史和社会环境使然。然而，就文化理论而言，工人阶级文化要想取得合法性，必须借助于对文化的人类学定义的系统阐述。

既然如威廉斯所认为的——文化是英语语言中最复杂的词之一，那么在考察"工人阶级"与"文化"的组合时，必须先厘清"文化"的概念，继而审视这一组合在何种意义上是有意义的。在威廉斯对文化的概念化中，"文化"至少包含了两个方面的含义：作为艺术和学问的文化及作为整体生活方式的文化。如果从"艺术和学问"的意义理解文化，那么"工人阶级文化"包括：其一，留存的民间文化（folk culture），如工业歌谣（industrial ballads），工会横幅（trade union banners）和音乐厅；其二，工人阶级个体对本阶级文化传统的贡献，如劳伦斯的小说。这两种文化都不能理想化为工人阶级文化：前者在 20 世纪中叶已日薄西山，后者无法服务整个工人阶级传统。如果将劳伦斯的作品归类为工人阶级文学，那么就暗示了所有与劳伦斯对立的文学和艺术都是"资产阶级"的。这种"非此即彼"的分类方式不但危险，而且是错误的，因为阶级的主导地位和艺术的生产之间不存在机械的对等关系。资产阶级作为追逐剩余价值最大化的剥削阶级是不人道的（inhumane），但主流的资产阶级文学在不同程度上却具有解放意义：19世纪的文学自觉或不自觉地反抗资本主义。同样地，即使是社会主义文学作品，也自觉或不自觉地遵守着某些资本主义价值观。

如果从艺术和学问的意义理解工人阶级文化，工人阶级文化似乎是荒谬的，因为"文化"一词的"情感沉淀"（emotive deposit）① 意味着，一方面，自阿诺德以降，"文化"总是与"珍贵的"和"矫饰的"相联系；另一反面，"文化"是中产阶级形容自身状态和活动的词汇。而工人阶级粗糙且实际，其普通性又恰是文化所反对的。因此，威廉斯宣称："在这个迷惑的领域，调查必须开始：人不能选择他所出生的历史。"②

对工人阶级文化的调查必须在人类学意义上的文

---

① Raymond Williams, "Working Class Culture," *Universities & Left Review* 1, no. 2 (Summer 1957), p. 29.

② Ibid.

化——作为一种整体生活方式的文化，普通的文化——框架内进行。唯此，该阶级对文化的贡献才得以彰显；唯此，文化研究才得以与利维斯的《细察》期刊的传统区分开来，与法兰克福文化批判的元文化话语"决裂"。

霍加特的"文化"意指工人阶级的说话、思考方式，他们共用的语言，他们言语和行动中所体现的对生活的共同设想，体现在他们日常实践中的社会态度以及他们在判断自己、他人行为时所采取的道德范畴，当然还包括他们是如何把这一切和他们所读到的、看到的和歌唱的关联起来的。这样的"文化"不再是只归"少数派"保管的精英文化，而是为工人阶级共有的生活文化；不再是自由浮动的观念，而植根于社会实践中。"文化"规定工人阶级的生活并赋予它以秩序和意义，为他们的阅读、唱歌等日常活动提供了参考点。这种文化观与赋予了阿诺德—利维斯传统以生命的文化大相径庭，后者视文化为以"人类所思所言之精华"为试金石的"判断之理想法庭"。这种文化观尽管与威廉斯对文化的定义——"文化作为生活方式"——有所区别，但却是"在平行方向移动"、同样具有决定性意义的"决裂",是文化研究的形成时刻。①

霍加特的文化观为消除工人阶级的文化自卑情结提供了理论弹药,因为如伊格尔顿所说的,作为生活方式的文化是描述性的,未必是基准性的,甚至是描述性的而非基准性的。也就是说,一种文化的存在本身即是价值,但声称一种文化优于另一种是无稽之谈。② 伊格尔顿的这一观点来自他对文化的历史溯源。他认为,自德国唯心主义者以降,文化就已呈现出它的部分现代意义了。在赫尔德那里,文化指的不是有关普遍人性的宏大的、分阶段发展的叙事,而是多样、具体的生活形式,每一种形式都遵循自己特定的进化法则。③ 按照这种逻辑,工人阶级文化无须在中产阶级主流文化面前自惭形秽,即使更加"贫乏"。就意义创造而言,他们是足以与浪漫主义诗人并驾齐驱的"天才"。按照美学家华金·苏尼加的观点,以往美学家的注意力普遍倾向于集中在接收而非生产上:注意力普遍集中在美的体验(强

---

① Stuart Hall, "Richard Hoggart, The Uses of Literacy and The Cultural Turn," in Sue Owen (ed.), *Richard Hoggart and Cultural Studies* (London: Palgrave Macmillan, 2008), p. 25.

② Terry Eagleton, *The Idea of Culture* (Oxford: Blackwell Publishing, 2005), p. 14.

③ Ibid., p. 12.

调知解力）、鉴赏及批评家于其中所扮演的角色。① 即使在马克思主义美学作品中，"普通人，非艺术家——大概人类的大多数——作为美的生产者的角色都被遗忘了"。然而，这正是文化研究致力做的：凭借日常生活的创造性方面，作为历史和社会主体的普通人对意义的生产为"一种整体生活方式"正名。当然，正如伊格尔顿所认为的，文化的这个定义意味着"将与作为艺术的文化相关的价值观转移给社会。作为一种整体生活方式的文化美学化了社会，从中找到了与美学作品相联系的整体，感官直接性和免于冲突之自由"。②

作为独特生活方式之文化的起源与浪漫主义对被压制、充满异国情调的"他者"的偏好密切相关。"被一个国家认作自己思想不可缺少的东西从未进入第二个国家的思维，到第三个国家那里就被视作有害了。"荷尔德如此写道。战后，"他者"以工人阶级形象浮出水面。其逻辑为，压制与被压制不仅发生在民族国家之间，"他者"也未必以国家的形式出现。在民族国家内

---

① Joaquin Zuniga, "An Everyday Aesthetic Impulse: Dewey Revistied," in *British Journal of Aesthetics* 29, no. 1 (Winter 1989): 40.

② Terry Eagleton, *The Idea of Culture* (Oxford: Blackwell Publishing, 2005), p. 25.

部，地区之间政治、经济和文化发展的不平衡同样会导致迈克尔·埃什特所谓的"内部殖民主义"（internal colonialism）——在资本主义发展的任何一个历史时期，工人阶级都充当着"非本土"者的角色。上层阶级通过他们的加工改造间接与物发生联系，享受着文明和"文化"，而工人阶级本身却沦为以其他阶级存在为目的的无本质的存在。如果说荷尔德意义上的文化通过对"原始"的理想化批判了启蒙运动时代自视为"普世"文明的西方文化，揭示了其欧洲中心主义之本质，那么它在20世纪中叶的运用开启了为"我们人民"文化的辩护。需要注意的是，作为整体生活方式的文化是"无意识"的。它跟随普通人的脉搏有节奏地跳动，而不是知识分子脑袋里的思考物。这就涉及文化"代理人"的问题。英国文化研究一向强调普通人的生活经验，知识分子——即便是霍加特、威廉斯等工人阶级出身的奖学金男孩——在阐述文化时也未免有隔靴搔痒之嫌。也许，文化在知识分子开口的刹那便消失了，工人阶级的沉默倒成了雄辩。或者说，作为生活方式的文化本身即不可再现之物。

霍加特对文化的定义意味着文化分析反对任何形式的简化主义——无论是将文化简化为纯粹意识形态，

"经济"还是阶级利益。固然,文化研究不否认社会利益与意识形态和文化发展密切相关,甚至可以说文化研究之"微义"就在于揭示文化与权力运作的关系。然而,文化研究绝非某些反对者声称的古旧的"意识形态"批判,即只关注文本的内容而忽略其形式,视艺术作品为阶级统治的工具。相反,文化研究是"对意识形态批判的批判"。① 流行文化未必在美学上枯燥乏味,政治上充满恶意。法兰克福学派的这种态度与其说反映了流行文化的"内在"特征,不如说揭示了知识分子的精英意识和"蔽目之叶"。而霍加特认为,20世纪,现代主义文学(高雅文化的代名词)与流行文化分庭抗礼,这是"将错误的东西彼此对立起来";阅读《派格杂志》(*Peg's magazine*)、《每日镜报》和阅读莎士比亚、弥尔顿一样重要。他提醒我们,"对流行文化的研究会让我们更加人性化和谦逊"。②

文化根植于社会实践中,更加准确地说,文化即物质生产和社会实践。该命题至少从两个方面修正了经典

---

① Rita Felski, "The Role of Aesthetics in Cultural Studies," in Michael Berube (ed.), *The Aesthetics of Cultural Studies*(Oxford: Blackwell Publishing, 2005), p. 30.

② Richard Hoggart, *An English Temper* (London: Chatto & Windus, 1982), p. 254.

马克思主义有关经济与文化关系的论述。其一，文化并非经典马克思主义所认为的经济基础在思想领域的反映；文化不是自由浮动的概念，而具有物质性。其二，经济与文化之间并非机械的决定—被决定关系。这种关系模式忽略了文化和社会之关系的具体性和历史特殊性。阿尔都塞的"多元决定论"对文化研究的启迪就在于，文化是某一历史时期社会复杂体中并存的，通常相互对立却未必矛盾的多种力量共同作用的结果，如同弗洛伊德在《梦的解析》中所分析的，梦总是由白天的残留（对最近生活的浅表记忆）、被压抑的心灵创伤和无意识的祈愿等多种"强有力的思想"引起的。尽管霍加特本人对马克思主义无太大热情，然而他对文化的定义意味着文化并非经济基础在上层建筑领域的反映，从根本上"解释了为何伯明翰中心在理论的道路上绕了个大弯"。①

既然文化是一种社会实践，对它的研究就不能仅靠文本分析得出，而必须在文本和语境、美学和社会分析、符号学和权力之间穿梭。霍尔称之为霍加特的"社会律令"（social imperative），它既是霍加特方法的核心，也

---

① Stuart Hall, "Richard Hoggart, The Uses of Literacy and The Cultural Turn," in Sue Owen (ed.), *Richard Hoggart and Cultural Studies* (London: Palgrave Macmillan, 2008), p. 25.

是文化研究跨学科传统的源头。如果说文化研究并非对
"文化"（对象）的研究，而是研究文化的方法和框架，
"社会律令"即规定了该方法和框架。它认为，意义并
非内在于文本且固定不变，而"锻造"于特定的社会条
件下，在社会"助熔剂"——读者对文本的阐释和意义
建构等——的作用下流变不居，由是创造并再创造出文
本愉悦、文本问题和文本政治。当威廉斯写到"文化研
究并非'将对象孤立'，而要发现实践的本质和条件"①
时，他完美地阐释了霍加特的"社会律令"。

从方法论而言，霍加特没有摒弃利维斯式的文本分
析，而是大胆地将它用于"阅读"文化产品、社会实践
乃至文化体制，这也许是"文化研究所发展的最可识
别、最为重要的理论策略了"。②霍尔称为"社会阐释
学"，用霍加特自己的话解释，即"超越习惯本身去看
习惯代表什么，透过陈述看出它们真正的含义（含义与
陈述本身可能恰恰相反），看出习语和仪式活动背后的
情感压力"。③举例而言，如果要研究一座教堂，利维斯

① Raymond Williams, *Problems in Materialism and Culture* (London: Verso, 1980), p. 47.

② Graeme Turner, *British Cultural Studies: An Introduction*, Third Edition (London: Routledge, 2005), p. 71.

③ Richard Hoggart, *The Uses of Literacy* (London: Chatto & Windus, 1957), p. 18.

会孜孜不倦地研究石头的特质，教堂的内在结构、平衡和对称等美学特点，而教堂所表现的它所处时代的人、上帝与建筑的关系则是霍加特研究的重点。与文本到语境的转移相平行，社会阐释学将读者从文本决定主义中解放了出来。它在关注"文本对读者做了什么"，即文本对读者主体性建构的同时，更加强调"读者对文本做了什么"，即读者在具体的历史语境下消费文本时如何生产自己理解的意义，如何与主导文化的主导意义谈判，挪用、改变甚至颠覆它。读者不再是法兰克福学派笔下的"文化笨蛋"，不再是等待被意识形态"质询"为主体的个体，而成为霸权过程的积极参与者。

在后现代的今天，阶级也许已沦为大众文化以娱乐口吻戏唱的一曲挽歌，革命亦成了被无限延异的所指。然而，只要文化研究还有其生存土壤——这是毋庸置疑的，重访工人阶级文化的历史产生和理论阐述就是必要且有意义的；霍加特值得被"发现"。

第二节 "墙外"探索

20 世纪 50 年代涌现的关于社会理论的扛鼎之作——

《识字的用途》以及威廉斯的《文化与社会》都来自大
学英语系的批评家，这并不意外。

如若文化研究果真来自内部英语系的谱系，将是意
外中的意外，更确切地说，是个严重的错误。事实上，
文化研究产生于成人教育这一"墙外"传统。墙内墙
外，虽"一墙之隔"，却并非友好的邻居。汤姆·斯蒂
尔曾用"更像是以剖宫产的方式与母胎分离而非轻松生
产"来形容文化研究的诞生；根据霍尔的说法，文化研
究则是在诞生不久就受到了人文主义的诟病。①

然而，这一错误观点至少有一点值得肯定：它以错
误的方式正确地揭示了作为文化研究领域之根基的文学
维度。缺少了这一维度，伯明翰当代文化研究中心压根
不会出现，因为文化研究之于霍加特正是文学批评理论
在工人阶级日常生活文化领域的运用。用他自己的话说：
"（《识字的用途》）的两部分都运用了文学批评技
巧……我想努力证明的是，如果你已经培养了作为传统
文学文本阅读者所需的技巧，那么它们也适用于其他文

---

① Stuart Hall, "The emergence of Cultural Studies and the Crisis of the
Humanities," *The Humanities as Social Technology* 53 (Summer 1990): 12.

本。这就是我为何创立了伯明翰中心。"①

1969 年，霍加特离开中心开始了在联合国教科文组织的第一个三年任期，之后一批左派理论家占据了中心的半壁江山。20 世纪 70 年代以降中心转向社会学，政治上亦更偏左，文学的维度逐渐被遗忘甚至被抛弃。如同一件文学作品自诞生之日就有了独立于作者的命运一样，文化研究在后来的发展中也一定程度上背离了其创始人的初衷。霍加特离开之际，一个聪明的中产阶级博士学位申请者就不耐烦地说道："现在再也没有时间理会霍加特的马修·阿诺德式的自由人文主义了。"② 而霍加特散播这种自由人文主义的场所便是成人教育，正是在教授工人阶级文学的过程中，他自然而然地从文学研究转向了文化研究。英国文化研究兴起的成人教育背景成就了其"实践出真知"的一大特色，开辟了完全不同于卡尔·曼海姆从理论上探索文学与社会学的关系的别样道路。③

---

① John Corner, "Studying Culture-Reflections and Assessments: An Interview With Richard Hoggart," in *Richard Hoggart, The Uses of Literacy*, reprint (New Brunswick: Transaction Publishers, 1998), p. 273.

② Richard Hoggart, "Looking Back: An Interview With Nicholas Tredell," in *Between Two Worlds: Politics, Anti-Politics, and the Unpolitical* (New Brunswick: Transaction, 2002), p. 310.

③ 在第二次世界大战之前，卡尔·曼海姆就在其著作中提出，从文学研究到文化研究意味着必须进入人类学领域。当时的理论诉求是要对社会进行更加整体性的研究，正是在这个压力下，文学与社会学的界限开始模糊了。

一、《识字的用途》和成人教育

一般而言，我们在考察英国文化研究的形成时，通常采取霍尔的界定方式，将霍加特的《识字的用途》（1957年）、威廉斯的《文化与社会》（1958年）和汤普森的《英国工人阶级的形成》（1963年）的出版看作文化研究的开始，这种界定方式备受诟病。威廉斯就明确地指出，这种以作品为基础的历史，掩盖了产生作品的实践，以及这些作品所产生的教育背景——成人教育。事实上，早在20世纪三四十年代的军人教育和成人教育过程中，文化研究已经非常活跃。应该说，成人教育是文化研究的源头。可以说，英国文化研究产生于一批活跃在主流话语之外的知识分子对成人教育的阶级内涵的深入思考中，以及对成人教育的目标和责任的积极探讨中。汤姆·斯蒂尔在考察文化研究产生的专著《文化研究的出现》时亦指出："这些著作并不是一些孤立的事件，而是置身于20世纪30年代中期到后期，以有关艺术与文学教育的争论开始的，广泛蔓延的成人教育实践的文化背景中。"① 斯蒂尔充分意识到，没有任何一部伟大作品是横空出世的，在诞生之前它往往要在母体中经历漫长的孕育期。单就《识字的用途》而言，无论其成书过程——从早期勾勒到中间创作再到最终出版，还是整本书的结构及其现实关注和影响，都与成人教育密切相关。可以说，它正是脱胎于成人教育。

《识字的用途》最早于1957年付梓。该书一出版，霍加特的同事便意识到了它所受到的成人教育的影响。来自牛津大学成人教育学院的法兰克·皮克斯托克动情地写道："我们中所有的人都受到了您的恩惠。"② 德比郡和斯旺西的教师们也纷纷写信，将他们回应了霍加特的号召——把新的想法带给大众——的实验和他们在自己的成人班上讨论《识字的用途》的计划一一告知。

霍加特还受邀到曼彻斯特大学成人教育学院年度教师会议上发表演讲。不过，早在1946年，该书的一些元素就已相继见诸报端。出版者正是时任工党左派报纸《论坛报》（*Tribune*）的文学编辑的乔治·奥威尔。霍加特最初的计划是写一本大众文化的参考书或教科书，一

① Tom Steele, *The Emergence of Cultural Studies, 1945–65* (London: Lawrence and Wishart Ltd. , 1998) , p. 14.

② Hoggart Archive, Pickstock to Hoggart, April 10, 1957, Hoggart papers, 3/11/301, Sheffield.

系列批判大众文化的文章，后来他逐渐感觉，需要将这些文章与人们日复一日的经验联系起来，将流行文化置于读者的日常生活语境中，以此对利维斯夫人的《小说与阅读大众》进行纠正。[1] 正是出于这样的双重目的，霍加特在写完对流行文化的理论分析（《识字的用途》的第二部分）之后又以自己的童年记忆为资源，详细描述了自己熟知的工人阶级生活（《识字的用途》的第一部分，即流行文化的"语境"）。一些评论家将霍加特这种建立在回忆基础上的写作称作"流放叙事"，即霍加特因其接受的教育及相应的社会地位的变化而遭到了"流放"——他不再隶属于自己来自的工人阶级世界。这种说法有一定的合理性，奥登对霍加特的影响毕竟不可小觑。[2] 然而，如斯蒂尔所认为的，这是对霍加特写作过程的误解。事实上，在创作过程中，他不断重访童年的场景。[3] 这种"重访"不仅是地理意义上的——他所负责的米德尔斯布勒与利兹仍然"若比邻"，他可以

---

[1]　Richard Hoggart, *A Sort of Clowning: Life and Times 1940-1959* (Oxford: Oxford University Press, 1990), p. 141.

[2]　霍加特深受奥登的影响，他的第一本文学著作就是关于奥登的。在该书中，霍加特认为，奥登诗歌中最具代表性的意象乃是"流放者"，或"漫游者"（wanderer）。

[3]　Tom Steele, *The Emergence of Cultural Studies, 1945-65* (London: Lawrence and Wishart Ltd. , 1998), p. 137.

轻松地在两地逡巡；而且还是比喻意义上的，"自那时起连续的接触"，① 即对成人教育的观察和切身体验重新塑造了霍加特儿时的记忆——他正是在这些影响下"重访"儿时记忆的。不少学者认为霍加特对工人阶级文化的描述具有浓厚的怀旧情结，然而这说明他们受到工人阶级生活叙事传统的影响，先入为主了。② 实际上，在写作过程中，霍加特不但一直提醒自己不要多愁善感，而且在与成人学生对话的过程中，以他们的实际生活为参照系，不断地验证、修正甚至否定自己对工人阶级生活的描述。可以说，成人教育经历"照亮"了霍加特的回忆，"抛光"了他的叙述。在霍加特对工人阶级的描述中，英勇好战的工人阶级隐去了，欣然接受生活原本样子的大多数而非"工人阶级中那些有目的的、政治的、虔诚的、自我提升的少数派"是他主要的关注对象，③ 这导致了作者完全不同于左翼知识分子的观点。霍加特故意拒绝使用成人教育的经历本身作为参考点，但在全书的结尾部分，他承认，确实存在这么一个小组，

---

① Tom Steele, *The Emergence of Cultural Studies, 1945-65* (London: Lawrence and Wishart Ltd. , 1998), p. 137.

② Michael Bailey, Ben Clarke and John K. Walton, *Understanding Richard Hoggart* (Hoboken: Wiley-Blackwell, 2012) , p. 56.

③ Richard Hoggart, *The Uses of Literacy* (London: Chatto & Windus, 1957), p. 25.

他们积极参与大学成人教育工作。

从内容和结构上看，成人教育为《识字的用途》前后两部分的对比提供了一个视角，没有这个视角，整本书很难看作一个统一的有机体。全书第一部分生动描述了工人阶级生活文化，与此相比，第二部分的大众文化意味着文化的衰退，文化标准的降低。而成人教育，如斯图亚特·莱恩所认为的，"将对教育标准的关切对准了整体成人的普遍文化标准，其定位并非以大学或学校为导向"。[①] 正是成人构成了霍加特所谓的"聪明的外行人"——《识字的用途》的潜在读者；正是这些人，用霍加特自己的话说："习惯于买鹈鹕出版的书，并且使企鹅出版社卖出一个作者写成的关于十个题目的一万册书成为可能。"时至 1958 年，《识字的用途》平装版已由鹈鹕出版，至今仍在印行。

对成人普遍文化标准的关切回应了 20 世纪 50 年代末英国社会的历史诉求。兴起于英国 19 世纪中叶的关于流行文化标准的讨论此时再次登上了历史舞台，只是这时的英国人的"健康"恶化程度较一个世纪之前有过之而无不及，流行报纸、收音机、电影和电视等新兴媒介

---

① Stuart Laing, *Representations of Working-class Life, 1957–64* (New York: Palgrave Macmillan, 1986) , p. 196.

充当了罪魁祸首。大众对这些媒介的滥用，公关公司等相关机构出于利益最大化对暴力和性肆无忌惮的宣传等都导致文化标准的降低甚至丧失。为了抵制文化颓势，1960 年 10 月，"流行文化与个人责任"研讨会召开。霍加特的论文《大众社会文化生活的质量》被提前发放给与会代表，威廉斯也作了名为《当代社会传媒的增长》的报告。这两位来自成人教育的代表定义了此次会议的主要议题，一方面可见《识字的用途》和《文化与社会》影响之大；另一方面也表明关于文化标准的讨论绝非仅限于大学内部，"成人"同样是需要"文化"的群体。

二、成人辅导班的影响

在讨论文化研究的起源时，另一个经常被忽视的因素是成人辅导班。它是工人教育协会的创举，用霍加特的话说，是英国成人教育这一伟大传统的巅峰。具体而言，成人辅导班的兴起要归于工人教育协会对大学扩建运动 20 世纪初所表现的种种腐败的不满，尽管前者是 19 世纪大学扩建运动的直接后果。1903 年，工人教育协会成立之初，便将"唤起工人们对教育的热情，让他们相信教育是获得解放的关键"作为自己的目标，然而这一崇高使命的严肃性遭到了破坏：工人阶级的课堂变成了大学讲师大讲特讲闲适的"流行"文化的场所。此外，早期工人教育协会的大部分课程依赖于大学扩建运动所提供的讲座，因此高额的成本、别扭的学习形式，尤其是被工人教育协会创始人曼斯布里奇抨击的"不民主的组织形式"等问题一直困扰着工人教育协会的先行者。

为了恢复成人教育的严肃性，保证工人教育的相关性和教师的忠诚，工人教育协会的先行者们以法国的受工团主义者影响的大学扩建运动（syndicalist-inspired universities populaires movement）为榜样，创立了成人辅导班。它实质上相当于老师和学生签订的为期三年的合同，内容是双方必须每周花一个晚上针对某个具体方向的问题进行专门探讨。1907 年，成人辅导班得到了进一步发展。在牛津召开的一次会议上，为了更好地管理成人辅导班，工人组织的代表与相关教育机构达成共识，决定成立牛津大学共同委员会。次年，该委员会成立，并成为工人教育协会与全国各大学合作的固定模式。不过，尽管成人辅导班继承了大学扩建运动课程的许多特点，但它的组织形式更加民主化。地方性的组织机构迅速在全国各地建立起分校。同时，成人辅导班在课程与教师选择方面得以充分表达学生的意愿，反映了成人教育对待学习的清教徒般的认真态度。

成人辅导班催生了众多与英国文化研究密切相关的思想。文化研究的最早实践者之一、深受马克思韦伯影响的历史学家 R. H. 托尼的社会历史便是成人辅导班的成果之一。用他自己的话说："织布工、陶工、矿工和工程师们友好的'打击'教了我很多政治经济学的东西，这些知识是不能轻易从课本中学到的。"对此，霍加特总结说："他（托尼）和其他早期的老师也说，他们的成人辅导班帮助他们重新定义了自己的学科；如果一周复一周、连续三年与成人——他们拥有关于社会历史活生生的证据以及对工业关系的日常经验——讨论，社会历史或者工业关系就开始呈现出不同的面貌了。"同样的经历也发生在霍加特身上，他继续写道："对我而言，（成人辅导班）对我的学科——英国文学——的挑战并不明显但十分强有力，导致我转向了我称之为当代文化研究的领域。"①

---

① Richard Hoggart, *A Sort of Clowning: Life and Times 1940-1959* (Oxford: Oxford University Press, 1990), p. 94.

三、成人教育中文学是什么?

如汤姆·斯蒂尔所言,成人教育"运动"一直是激烈的意识形态斗争的场所,各方各派争论的焦点主要集中在"文化"的定义和价值上。具体的问题表现为:应该给予工人阶级面包还是蛋糕;应该教授经济学、政治学等"有用"的社会科学还是进行文学审美教育?成人教育的性质是什么?是否应当坚持按照社会阶级划分?是否应当实现教育的现代化,使成人教育面向更为广阔的受众?围绕着这些问题,历史上的讨论一直绵延不断。早在 19 世纪 90 年代,法国大学扩建运动奠基人之一乔治·德阿尔姆就因大学扩建运动只为学生提供文学课程而义愤填膺;20 世纪三四十年代,随着英国工人自我阶级意识逐渐彰显,加之马克思主义的泊入,争论愈演愈烈。其中的一方以工党左派为代表,他们中的一些人开始对"工人教育协会"与大学的附属关系进行反思。在这部分人看来,这个由绅士、商会领袖、宗教领袖等坐在一起讨论工人教育重点的组织成为中产阶级向工人阶级灌输自己意识形态的工具,是他们转移阶级斗争的一个手段;所谓的书籍、知识只是裹着蛇皮的"精神财富"罢了。它所强调的内容跟工人阶级的生活毫无关系，对改变他们的现状毫无意义。其激进分子认为，如果工人教育运动使自己"跟一般的成人教育运动混在一起"，它就无异于"自杀"。而争论的另一方——以工人教育协会的刊物《大路》（*Highway*）杂志的编辑、企鹅出版社和鹈鹕出版社的创办者之一、曾任英国艺术协会秘书长的 W. E. 威廉斯为代表，则力推工人教育的现代化，并对《大路》的办刊思想进行了调整，改为倡导使成人教育的"古老的"工人阶级和阶级斗争视点向一种更大众化、关注于艺术、与大学相近的教育模式转化。深受利维斯思想的影响，这一派以文化救赎者的姿态投入到文化批评实践中，希望借助利维斯式的"判断"和"辨别"提高公众的鉴赏力和智识水平，抵制大众文化。

霍加特对成人教育的态度深受利维斯的影响。在从军期间，英国文学专业毕业的霍加特大大扩展了自己的阅读范围。除了军队当前事务局（Army Bureau of Current Affairs）这个"远程教育组织"编撰的时事手册和资讯材料以外，他还评论柯勒律治的想象理论、雅各布·爱泼斯坦的自传的美学建构，并对里尔克的诗歌和奥威尔的散文大加赞赏。同时，他积极投身于军人教育实践中。亲密的战友关系、连续几个小时的谈话以及他所指挥的部队的"教室"氛围为他推广这项事业提供了良好的条件。在实际教学中，霍加特无暇享受导师博纳米·道卜雷式的"阅读愉悦"，而是积极地将文本实践和社会评论结合起来。无论是"大批赤贫的极端分子"还是"具有戏剧化思维的人"都成为他的"教育"对象。这时期的文学主要被用于唤醒士兵的政治意识。在写给道卜雷的信中，霍加特不无自豪地说道："（他所做的）为唤醒军队的政治意识作出了不小贡献。"时至1945年，霍加特认为："士兵们相比3年前更具政治意识，他们中75%的人会在即将到来的大选中投左派的票。"① 这一预言得到了证实。战后1945年的大选中，工党获得了空前的成功。工党赢得了近12 000 000张选票，占总数的47.8%，并获得了393个席位，远远超过保守党的10 000 000张选票和213个席位。②

战争结束后，霍加特进入赫尔大学成人教育学院任教。他对文学依然痴爱不改，极力反对仅为工人阶级服务的成人教育的狭隘实用主义。1947年，在冷战的阴霾下，在强调工人阶级利益的派别与文化主义派别的交锋

---

① Stuart Laing, *Representations of Working-class Life, 1957–64* (New York: Palgrave Macmillan, 1986) , p. 4.

② Ibid.

中，他写成了《第二次会议绪论》（*Prolegomena to the Second Session*）。文章的题目业已深藏玄机：通常习惯使用源于本土的盎格鲁-撒克逊词汇的霍加特通过"绪论"（prolegomena，源于古希腊语 prolegein）一词暗示了他在这场争论中的精英立场。行文中他似乎故意卖弄自己的"博学"，在全文撒布了古典和《圣经》文学形象。霍加特此举的目的在于，反对成人运动的过度民主化，呼吁某种"贵族"式的美学教育。他认为，与社会科学相比，人文学科在成人教育中退居其次已经太久，结果导致不少到成人教育中寻求"启蒙"的人只得到了政治学、经济学的"面包"，而没有被给予审美教育的"蛋糕"。而且，以社会科学为导向的成人教育所培养的只是"社会工作人员"（social functionaries）。固然，其中不乏某些具有高度社会良知的积极分子，但同样不可避免的是那些"善意的、被扭曲的灵魂，他们难以抑制地操纵着作为社会机器的那部分自己……一颗成长受阻的心灵强迫性的例行公事罢了"。①

培养美学意识及良好的趣味，霍加特建议，应当成为成人教育的功能主义的"解毒剂"。当然，并非每个

---

① Richard Hoggart, "Prolegomena to the Second Edition," *Tutors' Bulletin*, November 1947, p. 7.

人都渴求"蛋糕",因此,霍加特将成人教育的真正对象最终归为那些"少数派":"总之,我认为,我们并没有充分满足任何时代的少数派的要求……除非彼此之间能够相互交流,他们易于被'迟钝的、枯燥无味的大众'(inert uncreative mass)的沉重包袱压垮。"① 霍加特如此激烈的言辞,难免招致"势力""诌上欺下""不民主"的指责。霍加特对此深谙于心,不过他仍对"少数派"深表同情:"性格内向的一类人(a class of introverts),与所有的喜悦绝缘,不仅专为'社会目的'而活,还要不断加强无法享受喜悦的无能并且掩饰他们的失落,还有比这更可悲的景象吗?"②

然而,他真正的目的在于通过审美教育建立一种民主的"共同文化",以此取代阶级意识,将工人阶级归于"英国人"(Englishness)这一整体,从而在对国家的现代化阐释中实现"阶级"和"民族"的调和。在《第二次会议绪论》中,霍加特虽然沿用了"class"一词,但却并非意指传统意义上的"阶级",他的"class"指的是具有同样特质的某一类人(如在短语 a class of

①　Richard Hoggart, "Prolegomena to the Second Edition," *Tutors' Bulletin*, November 1947, p. 7.

②　Ibid.

introverts 中），他们可能来自不同的社会阶层。他借用阿诺德·汤因比的术语"内在的无产阶级"（the internal proletariat）指代成人教育的对象。对于这个群体而言，"无产阶级性是一种情感状态，而不是要凭外在处境决定的问题"。他们是"内心深处反抗我们这个时代粗鄙的大众文化的人，这些人——诺斯克利夫般粗俗的人（homo vulgaris Northcliffii）"① 存在于社会的所有阶层。早在从军期间，霍加特已在军队中建立了"共同文化""共同社会"的雏形——三大艺术俱乐部（The Three Arts Club）。该俱乐部旨在为驻扎在那不勒斯的武装部队提供一个文化生活中心。它鼓励有天分的画家举行绘画展览，组织小型音乐会、诗歌朗诵会及戏剧创作等。更为重要的是，在俱乐部里，艺术打破了社会、军队的层级关系，"一旦他们走进（俱乐部）的大门，就能感觉到艺术兴趣和不同程度艺术天分的民主作风，这种民主消除了阶级和军衔差别。从这个意义上讲，这个地方的化学效果是立竿见影、异常非凡的"。②

"阶级"与"民主"如何调和？关键在于对何为

---

① Richard Hoggart, "Prolegomena to the Second Edition," *Tutors' Bulletin*, November 1947, p. 7.

② Ibid.

"工人阶级文化"的思考。如果将"工人阶级文化"等同于"工人阶级的文化",新的问题接踵而至:何为"工人阶级"?是具有工人阶级文化的群体吗?循环论错误不可避免。因此,与其说"工人阶级文化"是具有固定本质的实体,不如说它是一种流动的建构。按照斯蒂尔的观点,工人阶级文化"并不仅仅是定位于某种过去的一组态度与仪式,而是旨在改善他们所遭受的被明确理解为阶级压迫的个人及集体命运的一系列有意而为之的活动"。英国的工人阶级文化一方面通过创造有别于中产阶级生活方式的独特生活方式建构出了英国工人阶级,另一方面又被为实现个人启蒙和社会进步而积极挪用教育和"更高级"文化的英国工人阶级建构;英国工人阶级文化同时处于建构与被建构之中,这不仅使它最终成为一种超越阶级的共同文化,而且促成了一种将工人阶级镌刻进"英国性"的现代民族概念。"现代"的英国工人阶级身份与英国身份催生了彼此:一方面,新的民主国家意识到,其文化内部存在着一个独立的工人阶级;另一方面,广大工人在视自己为工人阶级的同时,也视自己为英国人。

霍加特在《第二次会议绪论》中所表现出的极端态度与他留给人们的成熟、温和的印象大相径庭,正因如此，霍加特并不希望自己因为《第二次会议绪论》被记起。不过这也许与当时特殊的冷战背景相关，且那时的霍加特年轻气盛，又处于受利维斯影响最深的阶段。在写作《识字的用途》时，霍加特趋于保守，然而利维斯的影子依然清晰可辨，只是时代变迁，文学此时担当起了散播和保存"道德资本"（moral capital）的重任。"道德资本"是由霍加特创造的罗斯金式的短语，概括了他对文学的整体看法。在某些方面，霍加特继承了罗斯金对"民族道德状况"的关注。与21世纪早期意指推动政治议程的道德威信或商业领导人通过表现公平、仁慈、节制的美德，使商业社会合法化的方式不同，霍加特版本的"道德资本"以公众对于"什么是善的"的共识为基础，且通过与好的文学的接触和互动得到滋养。在霍加特的文本里，这种社会性的"道德资本"亦区别于有组织的工人阶级机构的道德议程，而是根植于传统市民社会非正常的人际关系中。"道德资本"必须得到保护和守护，不仅因为它事关智力和品性，更重要的是，它是世俗的，无须借助宗教信仰或宗教情感——霍加特本人自称是个不可知论者，对"神秘的、超验的……神圣之物毫无意识，却有着强烈的道德责任感，尽管他也反对被过于执着的道德家恐吓",① 因此，为追求自我实现和追求更广泛的民主、社会团结的人成为霍加特所谓的有德之人提供了通道。

对于霍加特而言，对伟大或至少有价值的文化形式——尤其是文学——的微妙和道德教诲的鉴赏是提升自我意识和理解的最重要渠道。然而，他低估了工人阶级其他形式的学习经验。在《识字的用途》中，他虽然注意到了除文学以外的自我完善的其他途径，如在工作场所或工作之外获得的专业知识和技能，为追求更高薪水和职位而积累的职业资格，或者以追求身份认同为目的的工人阶级的爱好，如养鸟、赛鸽、合唱或铜管乐队等活动，却对任何与社会技能相关的"文化"速成、简易方法持怀疑态度，尤其是当这些方法被商业广告用作提升社会地位、融入社会的手段大加宣传，从而否定了任何深度的参与、反思和艰苦奋斗之时。②

兴趣、爱好和足以引以为豪的技术都是传统工人阶级文化弥足宝贵、长久不衰的组成元素，表现了抵制商业化和同一性的韧劲和能力，但它们并非霍加特关注的

---

① Richard Hoggart, "The Heart Has Its Reasons," *New Statesman*, December 20, 1999.

② Richard Hoggart, *The Uses of Literacy: Aspects of Working Class Life* (London: Chatto & Windus, 1957), p. 295.

重点。同样，霍加特对于工党和合作社运动内部的自我完善文化也只是顺带一提，即使这种文化引导工人阶级积极分子阅读罗斯金、莫里斯甚至马克思的政治经济学，即使这种文化帮助工人阶级掌握会议主持、起诉反对减薪或管理当地的合作商店等艺术。正如布莱恩·格龙布里奇在评价《识字的用途》时所说的：霍加特主要的关注点不在于"政治意识强烈的少数派"，而他们是劳工大学的主要成员，且依然如此。[①]

文学在他不同时期的写作中表现出不同的功能：在早期军人教育实践中文学被用来提升士兵的政治意识；冷战阴霾下及20世纪50年代以后，文学和审美教育成为超越阶级文化，塑造"共同文化"的方式；文学还扮演了"道德资本"散播者和保存者的角色。如本章开头提到的，正是在教授工人阶级文学的过程中，霍加特自觉地转向了文化研究。成人教育为《识字的用途》看似分离的结构提供了支点；成人辅导班帮助霍加特重新定义了英语学科；最重要的是，文学被用作实现民主目的的手段，成人运动成为建构新的"英国性"的场所。诸多新左派成员责无旁贷地"选择"加入其中，希望通过

[①] Hoggart Archive, 3//11//96, Brian Groombridge, "Adult Education and the Admass," p. 43.

自己的努力，帮助英国工人阶级文化拥有更为坚实的基础、保持其纯正的英国风格。[①] 因此，20 世纪 50 年代后期英国文化研究的兴起是新形势下建构"英国性"工程的延续。

小　结

本章集中探讨了对英国工人阶级的"发现"。这个"发现"不仅指历史发现，即工人阶级二战后何以进入英国社会，也包括在理论上发现工人阶级文化，即工人阶级文化在理论上如何取得合法性。就历史发现而言，工人阶级进入英国社会是战后一系列政治、经济、社会等因素共同作用的结果，而工人阶级文化在理论上的合法性取决于如何定义文化。

本章提出，对工人阶级文化的调查必须在人类学意义上的文化——即作为一种整体生活方式的文化——的框架内进行，唯此，工人阶级对文化的贡献才得以彰显。霍加特正是从人类学的角度定义文化的。他的"文化"

[①]　Stuart Hall and Paddy Whannel, *The Popular Arts* (Boston: Beacon Press, 1967) , p. 305.

意指工人阶级的说话、思考方式，他们共用的语言，他们言语和行动中所体现的对生活的共同设想，体现在他们日常实践中的社会态度以及他们在判断自己、他人行为时所采取的道德范畴，当然还包括他们是如何把这一切和他们所读到的、看到的和歌唱的关联起来的。这般定义意味着文化分析反对任何形式的简化主义——无论是将文化简化为纯粹意识形态，"经济"还是阶级利益，意味着文化分析反对任何形式的简化主义——无论是将文化简化为纯粹意识形态，"经济"还是阶级利益。既然文化是一种社会实践，对它的研究就不能仅靠文本分析得出，而必须在文本和语境、美学和社会分析、符号学和权力之间穿梭；从方法论而言，霍加特没有摒弃利维斯式的文本分析，而是大胆地将它用于"阅读"文化产品、社会实践乃至文化体制。

此外，本章还从两个层面探讨了成人教育对文化研究的影响。其一是霍加特与成人教育的渊源，其二是成人教育对《识字的用途》的影响：从内容和结构上看，成人教育为《识字的用途》前后两部分的对比提供了一个视角，没有这个视角，整本书很难看作一个统一的有机体。

第

二

章

高雅文化与流行文化之间

第一节 "阅读"文化和文化阅读

在第一章中，本书讨论了英国文化研究的成人教育渊源，实际上，根据霍尔的观点，文化研究的兴起还与人文学科的危机有关。20世纪60年代以来，西方英语世界普遍经历了一场人文学科和社会科学的危机，个中原因十分复杂，但在主流观念看来，大众文化的侵袭是这场危机的罪魁祸首。为了捍卫"少数派"文化，利维斯等人以好战的斗士自居，而霍加特则另辟蹊径，以大众文化研究重新定义英语研究，视流行文化为与莎士比亚、弥尔顿比肩的重要研究对象。对象的改变意味着必须发展新的研究方法和理论。霍加特为此作出了巨大努力，他从文学批评内部发展了阅读理论，将研究"伟大文学"的文本细读方法适用于日常生活经验和流行文化，修正了对"文学阅读"即"能够很好地阅读"的理解，开启了文化研究领域民主阅读的先河；后期，他转向了结构功能主义社会学意味浓厚的"文化阅读"。然而，探索的道路上困难重重，霍加特只是"不安地、不可知地应付困难"（juggles uneasily and agnostically with the difficulties）。[1]

一、应对危机

20 世纪 60 年代以来，英国和美国大学普遍经历了一场人文学科和社会科学的危机。在数代人的想象中，文学教育一度在现代人文学科中占据核心位置，承载着人类人性化的理想，然而六七十年代，人们发现，文学终究只是一门"学科"，与其他学科并无二致，且岌岌可危。格雷厄姆·霍夫在他发人深省的论文中写道：

> 旧时的基督教—人文主义理想如今看来千疮百孔，满目疮痍，文学教育的遗传模式也随之陷入了令人焦虑的混乱中。因为文学教育关注的是个人价值观；它真的不代表任何东西，没有任何目的或宗旨，它背后没有人格理想。[2]

---

① Colin Sparks, "The Abuses of Literacy, " in *CCCS Selected Working Papers*, Vol. 2 (London: Routledge, 2007) , p. 113.

② Graham Hough, *The Dream and the Task: Literature and Morals in the Culture of Today* (London: Gerald Duckworth, 1964) , p. 97.

1968 年，巴特宣称"作者死了"；两年后，福柯认为"人死了"，他写道，"人是新近的发明，且可能行将就木了"。特里·伊格尔顿甚至将危机上升到了"人文学科的永久性、结构性的状态"。①

危机的原因何在？按霍夫的观点，后现代基督教宏大叙事的消亡难辞其咎；20 世纪 60 年代的学生运动亦对学术霸权提出了尖锐的批判；两次世界大战反映了文学教育理论和实践之间的鸿沟——人类并没有因为文学而人性化；设计和管理了奥斯威辛集中营的人中有一些曾被训练阅读莎士比亚和歌德的作品，云云。更有不少人将矛头直指大众文化。安东尼·伊斯特霍普在《从文学研究到文化研究》一书中就提出，流行音乐、电影、电视、广告等流行文化的兴起对文学及批评理论造成了巨大的冲击。②

这种观点代表了当时英国学界的主流认知。原因在于，英国人文学科的"阿诺德传统"根深蒂固，如霍尔所说：

---

①　Terry Eagleton, *Literary Theory: An Introduction* (Oxford: Blackwell, 2008) , p. 7.

②　Antony Easthope, *Literary into Cultural Studies* (London: Routledge, 1991) , p. 13.

在英国，人文学科是按照并作为阿诺德传统的结果开展的。他们在文学工作和历史中所处理的对象是民族文化的历史和试金石，它们只传播给精挑细选的少数人。①

在"阿诺德传统"里，"流行文化"（"流行"与"文化"的组合）本身即是荒谬的：最好的东西怎么可能为大多数人拥有？因此，他从未明确定义过流行文化。然而能从字里行间推断出的是，"流行文化"是"无政府"的代名词："文化"的功能是培养拥有霸权所必需的文化权威的中产阶级，而作为"文化"的对立面，工人阶级文化标志着社会和文化的衰落，必然导致社会秩序的丧失。时至利维斯，阿诺德传统似乎奄奄一息：大众的文明和少数派的文化已成对立之势，以电影、收音机、流行小说等为代表的商业文化"使我们陷入无可挽回的混乱中"。

面对这种文化颓势，少部分人，如以利维斯夫妇为代表的"斗士"提议"武装的、积极的少数派的抵

---

① Stuart Hall, "The emergence of Cultural Studies and the Crisis of the Humanities," *The Humanities as Social Technology* 53 (Summer 1990) : 13.

抗",① 而大多数大众文化的反对者选择故步自封，战战兢兢地守望着文学的一亩三分地。霍加特既不属于好战者，也不属于自我封闭的和平主义者。他继承了利维斯夫妇对整体文化变化、"生活质量"的兴趣，同时紧紧拥抱大众文化。他大胆地批评了英语学科的自我封闭性：

> 有时我认为，不存在清晰可辨的英语学科，没有真正的整体，而只有一套设计的边界和选定的方法。由于特殊的历史和文化原因，它们作为一门"科目"逐渐为人们熟悉。数千事物正存在于这个参照系里：它是自我辩护、自我保存、封闭的"英语研究"世界的一部分；它在其他人文学科中有自己的对应物。②

英语学科并非"自然"，而是社会、历史建构的产物。历史上，人们曾经以"观念史""文学社会学"等重新定义这门学科，然而这些先驱者最终只能"被迫

---

① Q. D. Leavis, *Fiction and the Reading Public* (London: Chatto & Windus, 1978), p. 270.

② Richard Hoggart, "Humanistic Studies and Mass Culture," in *An English Temper* (London: Chatto & Windus, 1982), p. 125.

从属地为英语学科服务"（been made to serve it in a subordinate way）。① 霍加特指出，大众文化研究才是重新定义英语学科的出路。他给出了四个原因。

首先，对大众传媒及大众文化其他因素的研究不但可以扩展我们对大众社会的理解，而且会影响我们对传统文化的看法。与阿诺德——利维斯传统不同，霍加特认为，大众文化本身、它与受众的关系、它的文化意义都是复杂的，现有的二元论或二分法，诸如机械的与自发的、高雅与低俗、无利害与剥削性等都无法充分估量大众文化。此外，在研究大众文化的过程中，我们能够反思传统的"高雅文化"，比如，高雅文化的复杂性有时只是表象，"只是一种在其所处的知识和艺术时尚中运转的能力"。②

其次，大众传媒领域的工作能够使我们研究传统艺术形式的方法更加灵活。霍加特指出，随着电影甚至广播等逐渐成为艺术形式，戏剧、小说和诗歌这些传统文学形式，要作为"三巨头"③ 平分天下将愈加困难。反过来，只要我们对新的艺术形式作出真实反映，我们就

---

① Richard Hoggart, "Humanistic Studies and Mass Culture," in *An English Temper* (London: Chatto & Windus, 1982), p. 126.

② Ibid.

③ Ibid. , p. 127.

会意识到传统艺术形式的局限性，从而使其变得更加开放、更具流动性和多面性。

再次，研究大众文化可以使我们了解受众。传统模式认为，大众文化与受众是操纵—被操纵、剥削—被剥削的关系，即"多愁善感的艺术为多愁善感的人而作，从而使他们愈加多愁善感，情感上愈加粗俗"，霍加特认为这一模式过于简单。他强调：

> 我们对于我们作为个体——无论是否为知识分子——如何处理我们从高雅、一般、低俗艺术中经历的情感知之甚少。也许一些"坏"的艺术可以激起"好"的感觉，反之亦然。①

同样，对电视观众受众数量、组成的研究使我们质疑有关受众反应与教育程度的关系的假设。我们将有可能不再以高雅文化自居，对大众文化嗤之以鼻，认为它只是高雅文化的"镜像"，认为高雅文化为了消遣而去体验底层的大众文化（mass-culture-slumming for fun）。②

---

① Richard Hoggart, "Humanistic Studies and Mass Culture," in *An English Temper* (London: Chatto & Windus, 1982), p. 127.

② Ibid. , p. 128.

最后，霍加特甚至预言了流行文化，尤其是青少年文化中蕴藏的抵抗能量，他称之为"草根的反击"（a thrust back from the grass roots）。

霍加特以大众文化重新定义英语学科，质疑了传统英语学习关于艺术与社会—文化关系的假设，挑战了人们对观众、精英、多数派、少数派及艺术的"效果论"等旧有认知。他的想法直接或间接地影响了后来的文化研究。霍尔的编码—解码理论，科恩与威利斯对"不学无术"的工人阶级青少年"反学校文化"的民族志研究都从霍加特身上找到了最初的灵感。

现在的问题是，既然将大众文化确定为新的研究对象，那么是否意味着研究方法也需作出相应的改变？霍加特并没有放弃利维斯的文本细读方法，依然强调判断和区分的重要性。在《相对主义的独裁》一书中，他引用艾丽丝·默多克和伏尔泰的名言说明判断之必不可少和无所不在，"无数种评价形式困扰着我们最简单的决定"，"最好是好的敌人"。然而如何评价？评价的标准是什么？霍加特提出了这个问题，却没有提出成功的解决方案。霍尔认为，文化在文化研究诞生之初经历了一场从美学概念到历史的、人类学概念的转变，这一转变是文化研究的基本动力之一。毫无疑问，霍加特在促成这一转变的发生方面功不可没。这一转变同时尖锐地提出了新的问题：必须发展新的理论和新的方法论来研究大众的日常经验，然而困难重重。其主要问题是：假如我们所有的批判性概念和价值观都由传统英语文学塑造的话，我们固然可以以此对这种特殊的人类活动进行判断，然而，这些方法和价值观却无法与生活在大众社会的普通人的经验和文化达成和解。霍加特尽管作出了尝试，却只是"不安地、不可知地应付困难"。① 接下来，让我们就这些问题进行更深入的讨论。

二、"阅读"文化

霍加特的方法论尝试可以归结为对阅读理论的继承和发展。人文主义者将文本的美学特征——如果确实存在这样一种独立于理论建构之外的东西的话——作为坚持高雅文化与大众文化区隔的凭证，而阅读理论将关注从文本本身转移到了必须涉及主体参与的阅读行为上，某种程度上实现了对大众文化的辩护。早期的霍加特将理查森—利维斯的文本细读用于日常生活文化领域，但

---

① Colin Sparks, "The Abuses of Literacy," in *CCCS Selected Working Papers*, Vol. 2 (London: Routledge, 2007), p. 113.

他将注意力从文本转移到了读者，修正了对"文学阅读"即"能够很好地阅读"的理解，开创了文化研究领域民主阅读的先河；后期，霍加特发展了文化阅读理论，尽管它仍是阿诺德—理查森—利维斯文学批评的后代，但具有明显的结构功能主义社会学色彩，可视作霍加特在文学—社会学交叉地带的跨学科探索。

阅读即文学阅读，意指"能够很好地阅读"的能力。这种观点古已有之，可以追溯至苏格拉底那里。"正确的和错误的读者：对苏格拉底而言，看似存在唯有极少数专家才能获得的对文本的'正确'阐释"。① 在维多利亚时代的英国，方兴正艾的科学不断侵蚀宗教，大众文化的兴起而导致的消费主义削弱了道德，文学阅读不仅成为对有文化之士的真正考验，还被阿诺德及其追随者看作对抗物质主义的解药，甚至被提升至"治邦救国"的高度：为了整个民族的灵魂，大众的头脑必须灵活起来，因此他们必须被教会阅读。阅读什么？在世俗时代，阿诺德从诗歌中寻找昔日神圣的光晕：

> 最主要的是，在受到科学的威胁、政治混

---

① John Hartley, *A Short History of Cultural Studies* (London: Sage Publications, 2003), p. 39.

乱、宗教看似丧失的社会，阿诺德正是从诗歌
那里寻求中产阶级和下层社会的救赎。他寄予
诗歌的宗教角色十分清楚……因此，道德热
情——这既是维多利亚时代校长们的特点（他
们十分关注将自己的学生培养为社会领导者），
又是福音主义者的特征（这些人急于保护刚刚
识字的大众免受腐败阅读材料的侵蚀）——成
为阿诺德支持文学的重要部分。①

阿诺德为之后一个世纪的文学阅读奠定了基调。遗
憾的是，严苛的他尽管声称不能把文学遗产留给贵族阶
层（野蛮人）、中产阶级（非利士人）和下层阶级，因
为这三个阶级中没有一个能够很好地阅读，这位忧国忧
民的校长却从未提出任何有关"很好地阅读"的理论来
"教化""错误的读者"。也许在他看来，文学批评是批
评家的个人天分，而非后天习得（个人天分还是后天习
得，这是文学批评与社会学方法的主要区别）。

时至20世纪60年代，如何"很好地阅读"的理论
真空再次浮出水面。在探讨人文学科危机的原因时，安

---

① Margaret Mathieson, *The Preachers of Culture: A study of English and Its Teachers* (Washington: Rowman and Littlefield, 1975), pp. 39–40.

德烈·托尔森以试探性的语气问道，人文学科的危机是否与阅读理论的缺失有关？在他看来，尽管批评理论五花八门，纷繁复杂，却鲜有关于阅读理论的，唯一的例外是 I. A. 理查森。[1] 安东尼·伊斯特霍普亦持类似观点。他言之凿凿，明确地将理查森的"实用批评"改而称作"现代主义的阅读"（the modernist reading），[2] 并将它的最早拥护者追溯到威廉·燕卜逊的《含混的七种类型》（*Seven Types of Ambiguity*）。[3] 这里，谁更早地体现了安东尼所谓的"现代主义阅读"不做细究，基本可以确定的是，自理查森—燕卜逊以降，英国文学批评才有了自己的阅读理论。

理查森从人文主义立场出发，为文学阅读成为大学科目进行辩护。他认为，随着收音机、电视、电影等文化形式的兴起，文学价值沦丧了，文化标准降低了，而抵制文化衰退的办法则是阅读文学作品。他在《实用批

----

[1] Andrew Tolson, "Reading Literature as Culture, " in *CCCS Selected Working Papers*, Vol. 2 （London: Routledge, 2007）, p. 57.

[2] Antony Easthope, *Literary into Cultural Studies* （London: Routledge, 1991）, p. 13.

[3] 1927 年燕卜逊刚刚开始自己的英语文学学习。受罗伯特·格兰夫斯和劳拉·莱汀的《现代主义诗歌研究综述》（*A Survey of Modernist Poetry*）的影响，他问理查森，是否可以像对待莎士比亚的十四行诗一样，和所有的诗歌玩"阐释的游戏"，理查森建议他对此进行尝试。一个星期后，燕卜逊完成了 3 万字的《七种类型的含混》打字稿。

评》以及其他著作中不止一次提到，"修辞（文学的代名词）应是对误解和避免误解之补救措施的研究，并衡量我们在交流中所失去的"。① 文学作为一种特殊的交流方式，对社区乃至整个社会具有独一无二的价值。为了证明这一点，理查森发展了文学的"价值理论"。认为文学的价值在于艺术的创造性想象特质和其语言的美学特征。在说明第一个因素时，他提出了"知解力理论"（theory of perception），又称"作者的真诚"（sincerity of the author），② 即经验直接通过心理冲动由作者传递给读者，读者因此将作者对生活的理解内化。为了强调诗性语言，理查森发展了意义的"潜力"理论，即诗歌语言结构内各个元素之间的动态活动保证了意义的多义性和模糊性。到了利维斯那里，文学理论更加精细化了。文学成了一种交流，是对过去集体智慧的共同再创造，其基础是某一特定作者与"伟大传统"的互动。

理查德的阅读理论忽视了读者的作用。对作者的强调，要么导致了过于简单的传递理论，读者只是被动地接受经验；要么造就了复杂的"细读"理论，仿佛在这

---

① I. A. Richards, *The Philosophy of Rhetoric* (Oxford: Oxford University Press, 1965), pp. 3-4.

② I. A. Richards, *Principles of Literary Criticism* (London: Routledge, 1928), p. 235.

个过程中，通过某种"真诚的技巧"，读者便可连续地
"表演"并认同作者的价值观，与其心灵相通。① 相比之
下，对语言的强调为读者发挥想象力和创造性提供了更
大的空间，然而，将文学价值放在文本结构中使得阅读
最终沦为一种"沉思"。

自阿诺德至理查森，文学阅读一直被视为抵制文化
颓势的最后一座城堡。有趣的是，霍加特以子之矛，攻
子之盾：将这种颇具精英意味的方法用于阅读大众文化，
此乃霍加特对"文学阅读"的发展之一。举例而言，在
《识字的用途》中，我们看到作为学术男孩的霍加特对
软色情电影进行文化分析：

> 不可否认，《圣所》（*Sanctuary*）是一部粗
> 制滥造的作品，然而在作品里可以看到一个严
> 肃认真、无关利害、富有创造力的作者的痕迹。
> 一种颇具天赋、多变、极其复杂的理解力在发
> 挥作用，它将各种风景、气味和噪声编织在一
> 个复杂的场景中。②

---

① F. R. Leavis, *English Literature in Our Time and the University: The Clarke Lectures 1967* (Cambridge: Cambridge University Press, 1979, p. 15.

② Richard Hoggart, *The Uses of Literacy* (London: Chatto & Windus, 1957), p. 219.

再如霍加特对 20 世纪 50 年代流行音乐的分析：

> 他在传递狂信之歌所必需的声乐传统中添加了一个音符：对女人而言，这两种风格或似"高贵美妙"或似"宇宙甜心"，暗示了一种天使般且极其女性的精神；而对于男人来说，这两种风格代表了一种发自喉咙深处特别厚重的歌唱方式，再现了被几近神圣的情感牢牢掌控的肌肉僵硬或为激情约束的人。①

除了对流行音乐进行文本分析，霍加特还关注工人阶级听众是如何"阅读"这些歌曲的，这将他与理查森之类的批评家区分开来，可谓他对"文学阅读"的发展之二。在 1991 年出版的自传中，霍加特描述了写作《识字的用途》的过程以及对普通人对畅销小说、电影和歌曲等材料的使用：

> 明显低劣的作品可能吸引好的本能，读者

---

① 　Richard Hoggart, *The Uses of Literacy* (London: Chatto & Windus, 1957) , pp. 230-231.

的思维并非白板一块，而孕育于一种社会背景，这种背景为判断和抵抗提供了自己的形式和过滤器，一个人只有在更多了解普通人如何使用那些对我们而言看似一文不值的垃圾的材料之后，才能够自信地评论它的效果。①

如上文所分析的，在理查森的阅读理论中，阅读过程只是单向的文本（作者）→读者，而霍加特的阅读模式变为文本（作者）←→读者。霍加特对听众使用流行文化形式的研究超越了"效果"理论的解释范围。他似乎在探索文本与读者之间某种更加微妙的关系。在讨论多愁善感的歌曲和它为何流行于工人阶级中时，他写道：

这些都是极其传统的歌曲；其目的是尽可能直接地向听众呈现一种已知的情感模式；与其说它们有其自身特质，不若说它们因其打开的情感领域而只是传统的符号。（歌中的）隐喻并没有充满复杂的暗示，它们是固定客观、广泛流传的传统的一部分，小做改动，但在自

---

① Richard Hoggart, *A Sort of Clowning* (London: Chatto & Windus, 1991), p. 135.

己的领域清晰可辨。①

这里的关键是短语 "structures of conventional signs for the emotional field they open（因其打开的情感领域而成为传统的符号）"。它暗示了某种分裂——几乎已经沦为陈词滥调的旋律所表达的情感特质与它们所唤起的听众的感受之间的分裂。这种分裂说明，读者绝不能被简单还原为他们在作品中所读到的或听到的：读者有其能动性，能创造意义。这与理查德等人的理论可以说是大相径庭了。

在对待大到城市、社会体制，小到穿衣风格、举止仪态等称不上"文本"的文本时，霍加特亦使用了阐释学的方法，对它们进行文本细读，表现了与罗兰·巴特和本雅明等当代批评家在泛化文本方面的相似性和一致性。此外，读者脱离文本结构这一事实说明，在表意实

---

① 原文如下：These are strictly conventional songs; their aim is to present to the hearer as directly as possible a known emotional pattern; they are not so much creations in their own right as structures of conventional signs for the emotional field they open. The metaphors are not meant to be imbued with complex suggestion; they are part of a fixed and objective currency; very small change, in a few broad denominations, but recognizable in their own territory。最后一句中，作者"到什么山头唱什么歌"，当谈到暗喻时，作者将歌曲中的暗喻比作流通的货币，并巧妙地使用了双关（change 一词有"零钱"和"变化"的双层含义），参见 Hoggart , 1957, p. 161。

践中，作者—批评家的意图并非产生意义的唯一和权威
来源，读者的生活经验、赖以生存的社会环境等都构成
了产生意义的话语背景，必须予以考虑。由此，便产生
了多义性和不确定性；阅读也从由理论家、批评家仲裁
的"很好地阅读"蜕变为更加多样化、民主化的"阅
读"。然而，从文学批评内部探索研究日常生活经验的
方法乃传统使然，实属"情非得已"。对此，霍尔曾说，
由于没有其他社会学方法可用，霍加特将实用批评用于
实际生活。① 文学批评代替社会学发挥作用是英国文化
的一个显著特点。在《民族文化的要素》一文中，佩
里·安德森提出，在英国，自19世纪中叶以来，文学批
评就扮演了整体化的角色：它成为分析所有社会现象的
方法论大师。其原因在于，德国有马克思·韦伯，法国
有涂尔干，但英国从未产生可以和德法相媲美的强有力
的整体性社会学。结果，以利维斯为代表的文学批评填
充了这一知识真空。"正是从这个传统内部，威廉斯发
展出一套系统的社会主义思想……威廉斯必须借道英国
文学批评，这是对文学批评的适当致意"。②

---

① Stuart Hall, "The Emergence of Cultural Studies and the Crisis of the Humanities," *The Humanities as Social Technology* 53 (Summer 1990): 14.

② Perry Anderson, "The Components of National Culture," *New Left Review* 1 (July–August 1968): 55–56.

　　然而，文学批评缺乏关于社会学形成的理论，利维斯最终受困于他所憎恶的"文化纽带"。① 文学批评的双重性既表明了文学批评在研究大众文化时功不可没，也暗示了探索社会学方法势在必行。事实上，这也是20世纪70年代以降伯明翰当代文化研究中心的发展方向。

三、文化阅读（cultural reading）

　　对于社会学方法，霍加特早已谙熟于心，他在中心成立之初发表的奠基性文章《英语学院与当代社会》便强调了文学与社会学之间的跨学科研究。②为了在文学与社会学的边界有所作为，他寄希望于新的阅读理论——文化阅读（cultural reading），详细地阐述了文化阅读的目的、过程及局限等，然而却只是"不安地、不可知地应付困难"。③

　　根据霍加特的观点，文化阅读的主要元素是"为语

---

① Perry Anderson, "The Components of National Culture," *New Left Review* 1 (July-August 1968): 56.

② 此文中，他认为，应当在当代文化社会学领域投入更多的工作，针对诸如作家和艺术家、观众、意见形成者（opinion formers）及其影响渠道、文字的生产和分配机构以及这些元素之间的相互关系等问题进行探讨。

③ Colin Sparks, "The Abuses of Literacy," in *CCCS Selected Working Papers*, Vol. 2 (London: Routledge, 2007), p. 113.

气而读，为价值而读，为意义而读"。

首先，为语气而读。他认为，语气——在这个社会、这个时代（霍加特本人的强调）与人交谈的方式——充分揭示了一种文化。语气暗示了作者对待读者的态度及他本人某些不可回避的个性。阅读语气并非易事，尤其是在英式英语中，因为它与阶级口音纠缠在一起，而阶级暗示了内部成员共同拥有的假设和前提。因此，为语气而读，就是阅读其他阶级习以为常、隐而不宣、不可轻易靠近的东西。这些构成了霍加特认为的文化意义。

其次，为价值和意义而读。此处的"价值"并非理查森—利维斯等人的文学价值（literary value），而是塔尔科特·帕森斯的价值观，即作为选择标准或准则的共同符号系统的元素。① 但为了实现"为价值和意义而读"，霍加特扩大了帕森斯的定义，将忽视或反对共同价值的立场亦囊括在内。霍加特认为，不存在"自在的艺术作品"，任何作品都是意义的承载者，其主要前提是：

　　　社会孕育各种价值、必须孕育各种价值并

---

① Richard Hoggart, Humanistic Studies and Mass Culture, in *An English Temper* (London: Chatto & Windus, 1982), p. 135.

决定它们的相对意义；它（价值体系）从经验
中创造出一个看似有意义的抑或有秩序的整体，
一个总体的、显然有意义的生活观；它体现在
社会制度、仪式与形式中，通过社会行为与艺
术得以实践（live out）；实践价值观是一个辩
证的过程，这个过程从不完整，总是经受革新
与变化；无人能完全符合文化的主导价值
体系。①

霍加特对文学作品前提的论述与阿尔都塞对文学与
意识形态关系的探讨如出一辙。根据阿尔都塞的观点，
意识形态即"控制个体或社会群体思维"，再生产"生
产条件"，包括社会等级和不平等的思想和表征体系，
而关注个体生活经验的文学洞察了意识形态。不过，霍
加特似乎走得更远，他意识到，无人能完全符合文化的
主导价值体系，个体既是意识形态得以实现的场所，也
是意识形态被改变甚至被颠覆的角斗场，葛兰西的"霸
权"概念呼之欲出。传统文学巩固人们看待世界的习惯

---

① Richard Hoggart, Contemporary Cultural Studies: An Approach to the Study of Literature and Society, in M. Bradbury and R. Palmer (eds.), *Contemporary Criticism: Stratford-Upon-Avon Studies 12* (London: Arnold, 1969), p. 162.

方法，而"活的文学"（live literature）推翻对生活的既有看法。

　　霍加特的"为语气而读""为价值而读"和"为意义而读"深受帕森斯结构功能主义的影响。帕森斯认为，社会体系由个体的行动组成；个体之间的互动深受一系列物理和社会因素的影响和限制，而霍加特强调"为语气而读"，以期借此获得对其他阶级成员的马克思·韦伯式的"移情式理解"，实现社会成员之间更加有效的交流和互动；个体行为并不能完全符合社会价值观，这里，霍加特直接挪用了帕森斯的观点和表达，因此实践价值观是一个不断变化的辩证过程。这个过程从不完整，因为社会化（向个体转移社会常规和价值观的机制）和社会控制的过程从未完成。遗憾的是，结构功能主义在解释文化现象时力有不逮。固然，男人和女人创造历史，却是在并非由自己创造的条件下（men and women make histories, but under conditions not of their own making）进行的。结构功能主义的"结构"方法有可取之处，然而如霍尔所认为的，它逃避了主体与结构间的辩证关系：在进化和适应意义上，结构被看作是没有矛盾的、整体化的、功能主义的。而且，受韦伯的影响，帕森斯强调个体视野作为社会解释基础的重要性，挽救了"意义"（霍加特的"为意义而读"）维度，却将社会行为简化为个人动机，未能避开韦伯在"方法论上的个人主义"（methodological individualism）。①

霍加特的"文化主义"立场尽管意识到了个体的能动性，却将历史和社会结构简化了。一个重要的表现是，他完全从文化标准及理所当然的"阶级差异"来分析阶级。如他将"慢慢来"（go slow）理解为工人阶级的态度，仿佛"慢慢来"不是由劳动和资本之间的结构性经济关系导致的一样！在分析工人阶级"及时享乐"（take the pleasures now）的态度时，他亦只是停留在叙述层面，解释得不痛不痒：

> 如果人们什么都不浪费且精打细算地过日子（lived with carefully calculated economy），他们也许还能小攒一笔。也许，但不确定。且小攒一笔要求节制，大部分人都会认为不值得。这种节制意味着过一种几乎食不果腹、以燕麦片为生、所剩寥寥无几的生活；生活将"不值

---

① Stuart Hall, et al, *Culture, Media, Language: Working Papers in Cultural Studies. 1972-1979* (London: Routledge, 2007), p. 12.

得一过".①

霍加特的逻辑是，即使精打细算，终日食不果腹，工人阶级最后也不一定能小攒一笔——谁知道明天会发生什么呢？"你明天可能会被击倒，痛苦地攒钱有何意义呢？"② 索性今朝有酒今朝醉，明天自然会好的。因此，工人阶级成为乐天的存在主义者。然而，霍加特忽视的是，这种存在主义精神是如何在劳动的过程中形成的？难道工人阶级的意识不是由特定的社会关系决定的吗？工人阶级文化难道不需要物质根基吗？这些问题明显超出了霍加特的兴趣和知识范围——他对马克思主义十分憎恶且知之甚少，③ 有待伯明翰大学文化研究中心

---

① Richard Hoggart, *The Uses of Literacy* (London: Chatto & Windus, 1957), p. 111.

② Ibid.

③ 霍加特曾这样表达对马克思主义的憎恶："……他（一个中产阶级马克思主义者）成功地既同情怜悯工人阶级，又以施恩者的身份对他们摆派头，一半一半，超越了任何现实的假象。"英文原文是"...he succeeds in part-pitying and part-patronizing working-class people beyond any semblance of reality." 详见《识字的用途》第 17 页。而在回应马克思主义社会学家克林根德 (F. D. Klingender) 对他的批评时，霍加特承认，他之所以忽略了生产领域，是因为他不想"声称自己拥有比由个人经验得来的知识更加丰富的专业知识"。详见 Andrew Goodwin, "The Uses and Abuses of In-discipline," in Richard Hoggart, *The Uses of Literacy*, reprint (New Brunswick: Transaction Publishers, 1998), p. XXV 。

的后来者加以解决了。

第二节 从文本到语境
——论文化研究跨学科传统的理论核心

文化研究是跨学科、反学科，甚至无关学科的。英国文化研究的开山鼻祖理查德·霍加特曾说："文化研究使用了很多理论，但它不是一门学科，而是一个研究领域，受到诸如社会学、历史学、心理学、人类学和文学研究等其他学科的影响。"[1] 国内学界对文化研究跨学科传统这一说法本身业已耳熟能详，然而至今尚未有对其理论核心的探讨。

文化研究反学科和跨学科的理论核心是什么？关于这个问题，以文化理论著称的斯图亚特·霍尔曾提醒我们：

> 我们坚持认为，对"生活方式"的研究，就其本身而言必须以自身为目的，它是对理解

---

[1] Richard Hoggart, *The Tyranny of Relativism: Culture and Politics in Contemporary Society* (New Brunswick: Transaction Publishers, 1998) , p. 173.

文化变化努力的必然语境化，不能单从文本分析中推断得出。我们不妨将此称为"社会律令"，它是霍加特方法的核心，也是文化研究跨学科特点的起源，然而这个特点被"人文学科的泛滥"淹没了。①

传统文学批评坚持文学作品的审美自律，早期英语研究与其他学科泾渭分明，相安无事。如弗莱就说："文学批评有形形色色的邻居；批评家必须以任何保证自己独立性的方式进入与它们的关系中。"② 那时的"跨学科"，在霍尔看来，尚属"外部嫁接"，③ 文学与非文学学科只是被生硬地移植到彼此的表面。而文化研究的"跨学科"不仅主张探讨其他学科的部分主题，如工人阶级的日常实践、信仰系统和体制等社会学议题，而且要以新的理论厘清这些问题。

这一主张在 F. R. 利维斯等传统文人看来难免有僭

① Stuart Hall, "Richard Hoggart, The Uses of Literacy and Cultural Turn, " in Sue Owen (ed.), *Richard Hoggart and Cultural Studies* (London: Palgrave Macmillan, 2008) , p. 25.

② Northrop Frye, *Anatomy of Criticism* (Princeton: Princeton University Press, 1957) , p. 35.

③ Stuart Hall, et al, *Culture, Media, Language: Working Papers in Cultural Studies. 1972-1979* (London: Routledge, 2007) , p. 10.

妄之嫌，然而他本人及其文学批评恰是"外部嫁接"的典型代表，亦是霍尔笔下"文本分析"之所指。在处理文学与社会学、历史学的关系时，利维斯主张"细读"经典文本，强调文学的"批评性内省"，认为文学社会学只是文学的"外部"研究。不仅如此，他认为，意义内在于文本，文本决定读者的阅读立场。与此不同，霍加特从人类学而非美学意义上重新定义"文化"，将工人阶级生活文化大大方方地摆在了高谈阔论的贵族们华丽讲究的餐桌上，从而完成了文化跨学科研究对研究对象转型的要求；方法论方面，霍加特发展了以文本细读为基础的社会阐释学，把受众从文本中解放了出来，强调他们在实际消费语境中对意义建构的参与。而受众参与文本的创作，按照安·格雷的说法："可被理解为文化研究发展中相当重要的跨学科时刻。"①

一、利维斯与文本细读

在《社会学与文学》一文中，利维斯认为，文学批评不应囿于与实际批评相关的"精细的局部分析"，即

---

① 安·格雷：《文化研究：民族志与生活文化》，许梦云译，重庆出版社，1994，第165页。

对"书页上的词语、它们纷繁复杂的关系以及它们所引
起的意象"① 的分析，而应该关注人、社会和文明。另
外，他却强调，想要论证"文学的社会学媒介"，必须
具备"一种对文学的批判性内省"。在批判以许金博士
（Dr. Schücking）为代表的文学的"外部"研究方法时，
他这样说道：

> 对文学的使用除非是真正的使用，否则是
> 无益的；文学不是躺在那里的一堆材料，等候
> 批判性思维迟钝的人从外部将其翻阅，作为参
> 考和例证使用。②

利维斯并不反对"文学之功用"的说法，然而，任
何想要通过文学了解社会和历史的社会学家，"必须是
一个文学批评家，或者什么都不是"。③ 而"文学的批判
性内省意识"——尽管利维斯并没有对此专门定义（他
对理论十分反感），却不难从字里行间推断出——指的
即是上文提到的与实际批评相关的对"书页上的词语，

---

① F. R. Leavis, *The Common Pursuit* (London: Chatto & Windus, 1972),
p. 197.
② Ibid. , p. 198.
③ Ibid. , p. 200.

它们纷繁复杂的关系以及它们所引起的意象"的分析！在行文最后，"文学的批评性内省"变成了一种良好阅读能力的隐喻。利维斯举例说，假如我们要论证家庭在一个半世纪之前比现在更重要，不妨从阅读简·奥斯汀的小说开始，然而，除非我们能够欣赏其意义上精微的差别，其特别的语气、暗示和本质结构，否则将一无所获。

对利维斯而言，文本细读是研究文学与社会关系的手段，亦是目的。诚然，他并没有像新批评那样把文学与社会或历史割裂开来，然而，他并不刻意追求从文学中读出社会、历史和文化，而认为这是一个自然而然的结果，"对语言和文学本身的赏析会有助于对其他非文学领域的认知"。① 反过来，任何对社会学感兴趣的人如果想"利用"文学研究文学市场或趣味的变化，最终要回到"对作者使用其天分的方式的研究上"。② 一言以蔽之，文本的语言、意象和形式等体现作者创造性的文学性要素是了解社会和历史的充分不必要条件。

然而，这种充分不必要关系并不成立。首先，我们

---

① F. R. Leavis, *The Common Pursuit* (London: Chatto & Windus, 1972), p. 202.

② Ibid., p. 199.

从利维斯"细读"的对象说起。利维斯所谓的"文学"是简·奥斯汀、莎士比亚等文学巨匠的经典作品，所谓的"文化"是阿诺德意义上的"人类所思所言之精华"。在其代表作《伟大的传统》中，利维斯大胆地提出，英国文学历史上只有四名伟大的小说家：简·奥斯汀、乔治·艾略特、亨利·詹姆斯和约瑟夫·康拉德。这四人最优秀的作品秉承了英国小说的"伟大传统"——在小说形式、技巧方面的原创性，对待生活的严肃性以及一种强烈的道德关注。他还批判性地、几乎逐字逐句地阅读了这些作品的代表性章节，以求证明这些作者的天赋。然而，说到这些经典作品与历史或社会的关系，我们不禁要问，它们何以表现了自己赖以产生的社会文化？依靠自己的美学特质吗？与非经典文学相比，经典文学一定是获得历史和社会知识更可靠的源泉吗？利维斯没有正面地回答这些问题——他认为答案是理所当然的！在《社会学与文学》一文中，"当然""确实""这就是事实""没必要强调""理所当然"等反复出现——利维斯将颇有争议的问题看作自明之理加以回避。若仔细分析，这样的"理所当然"并不那么"理所当然"。社会学和历史学是对某一社会团体过去某一时刻思维方式的研究，而经典之所以成为经典，恰恰是依靠它们与历史无关的美学特征，真正是因为它们揭示了某种放之四海而皆准的普适规律。因此，我们怎能声称普适文学更有助于了解某一个社会团体的特殊性和历史性呢？事实上，在阅读经典时不牺牲文本特殊的社会和历史维度已属难能可贵了。

当然，我们并不否定经典文学能够提供有关社会和历史的知识，但这不是仅靠文本细读就能得出的。我们需要把注意力转到社会领域，转到对文本受众的反应特点的研究上来。遗憾的是，这些因素在利维斯的文本细读模式中是不存在的——他已经把读者想当然了。佩里·安德森对于利维斯与读者关系的精彩讨论证明，利维斯认为，读者在信仰、道德等诸多方面和自己具有某种共识乃天经地义。① "事实就是这样，不是吗？"利维斯习惯性地反问读者，霍尔还就此画了一幅讽刺画。② 也就是说，面对经典文本时，读者的阅读立场已经完全被"优秀"的批评家规定了！读者所需要做的、能够做的是将自己变成一个没有动机和欲望的真空容器，等待被掌握着理论资源、能够很好地阅读的理论家填满合法

① Perry Anderson, "Components of the National Culture," *New Left Review* 1 (July–August 1968) : 52.

② Stuart Hall, "The Emergence of Cultural Studies and the Crisis of Humanities," *The Humanities as Social Technology* 53 (1990) : 14–16.

的意义。借用阿尔都塞的术语，读者已然被文本"质询"为主体了。

其次，利维斯认为，经典文学（如莎士比亚的戏剧）在塑造民族文化、民族身份方面具有非常重要的意义。就是说，英国文学即英国性。姑且不论这个观点是否毫无瑕疵，必须意识到一点：假如我们承认这一命题为真，那么我们的研究范围必须扩展到文学作品的传播和影响上，而非局限于其内在的美学特征，由于这些因素虽是但不完全是作品流行的原因，其中还涉及文学的体制化过程及意识形态等诸多问题。除非将这些因素亦考虑在内，否则任何结论都会显得片面、武断。

从这个意义上讲，利维斯对许金博士大加批判难以自圆其说。固然，许金博士将亨利·詹姆斯归于自然主义风格的代表太过外行，利维斯基于这个理由对其发难无可厚非，然而，许金博士是德国人！在利维斯看来，一位德国博士注定了错失的比发现的多，因为"他对德国文学比对英国文学'内省'多了"！[①] 然而，这个理由恐怕很难立足，原因在于许金博士要讨论的是莎士比亚戏剧的社会学意义而非个人的审美体验，他有充分的理

---

① F. R. Leavis, *The Common Pursuit* (London: Chatto & Windus, 1972), p. 197.

由将注意力集中在文本之外的因素上。

事实上，经典文学之所以成为经典，往往在于它已经成为主流意识形态的代言人。霍尔就曾揭示了利维斯"伟大传统"与意识形态的"共生"关系，并以此作为文化研究之己任：

> （20世纪）六七十年代，文化研究肇始之初，就不得已地承担起揭露它所认为的人文传统避而不谈的前提的任务。它必须揭露支撑这种实践的意识形态设想，揭露作为人文传统无名部分的教育工程；必须对人文和艺术学科将自己表征为无关利害的知识的方式进行意识形态批判。也就是说，文化研究必须进行"去神秘化"的工作：揭露人文学科的规范性本质以及它在与民族文化的关系中所扮演的角色。①

"经典"是莎士比亚、弥尔顿或阿诺德的"甜蜜和光明""人性的完美"？非也。"经典"不是莎士比亚、弥尔顿或阿诺德？非也。就根本而言，"'经典''是'

---

① Stuart Hall, "The Emergence of Cultural Studies and the Crisis of Humanities," *The Humanities as Social Technology* 53 (1990): 15.

或'不是'什么"的说法本身即不成立，将"经典"实体化的做法犯了本质主义的错误。"经典"处于建构之中，而意识形态无疑是塑造该建构的决定性力量。反过来，一部作品的"经典"地位一旦确立，便容易成为统治阶级维持现状的工具。即使简·戈拉克将利维斯视作"经典的极端批评家"，他也不得不承认，利维斯的文化哲学包含了对前工业化时代"有机社区"浓厚的怀旧因素，他的"车匠店"顺应了当时《细察》慷慨激昂的保守主义工程的要求。时至今日，利维斯业已成为"英国性"和英国民族文化的代名词。

当然，"经典"与意识形态之间存在错位关系，难以轻易地"为我所用"。今天被视作"经典"的作品在诞生之初甚至是"先锋的"，非主流的，或者"反经典的"，然而，葛兰西动态的"霸权"概念告诫我们，"先锋"要么被历史忘却，要么无可避免地被整合；同时，权力关系生产"共识"，而权力关系则是具体政治、经济、社会和历史语境造就的结果。

二、社会阐释学

上文的分析试图说明，利维斯的文学批评方法在处理文化问题时力有不逮。我们认为，要研究文化，必须从对文本的细读走向文本生产、消费的语境；必须从文学文本的审美自足走向对读者、受众的研究；从文学本身走向对社会体制、意识形态的研究；从文学研究走向文化研究。

在研究文学与其他学科的关系问题时，霍加特摒弃了利维斯对"伟大传统"的迷信，抛弃了文学与社会之间机械的反映—被反映关系，"改其道而行之"：从定义文化开始，以文化概念为系统框架，在此框架里探讨文学之于各个团体的意义和社会功能。在其代表作《识字的用途》末尾，他写道："……（我的）意图是描述普通工人阶级的生活质量，以便将对出版物的细致分析放置到坚实的大地、岩石和水的风景中。"① 也就是说，他要为出版物（文本）创造一个接受的生活文化（语境），在这个语境下阐发文本的意义。语境打破了文本的边界，或者说，整个生活文化（语境）都成了文本。

霍加特的"文化"意指工人阶级的说话、思考方式，他们共用的语言，他们言语和行动中所体现的对生活的共同设想，体现在他们日常实践中的社会态度以及

---

① Richard Hoggart, *The Uses of Literacy: Aspects of Working-Class Life* (London: Chatto & Windus, 1957), p. 165.

他们在判断自己、他人行为时所采取的道德范畴，当然还包括他们是如何把这一切与他们所读到的、看到的和歌唱的关联起来的。这样的"文化"不再是只归"少数派"保管的精英文化，而是为工人阶级共有的生活文化；不再是自由浮动的观念，而植根于社会实践中。"文化"规定工人阶级的生活并赋予它以秩序和意义，为他们的阅读、唱歌等日常活动提供了参考点。这个定义与身为人类学家的格尔茨对文化的看法如出一辙，后者称文化为"一套行为控制机制——计划、处方、规则、指令"。① 由此，文化的社会学和人类学定义取代了其美学定义，而这一变化，"无疑是文化研究的根本推动力之一，这一变化亦尖锐地提出，要研究人类经验必须发展新理论、新方法论"。②

这种新的方法论便是霍加特的"社会阐释学"。霍尔曾援引霍加特本人的话对此进行说明：

我们必须超越习惯本身去看习惯代表什么，必须透过叙述看出它们真正的含义（含义与陈

① Peter Berger and Thomas Luckmann, *The Social Construction of Reality* (Garden City: Doubleday, 1966), p. 65.

② Colin Sparks, "The Abuses of Literacy," in Ann Gray, et al. (ed.), *CCCS Selected Working Papers,* Vol. 2 (London: Routledge, 2007), p. 113.

述本身可能恰恰相反），必须看出习语和仪式
活动背后的情感压力。①

这种方法与利维斯的文本细读有何不同？举例而言，
如果我们要研究一座教堂（假设利维斯把他的研究对象
从经典文学扩大到这座教堂），利维斯会孜孜不倦地研
究石头的特质，教堂的内在结构、平衡和对称等美学特
点，而教堂所表现的它所处时代的人、上帝与建筑的关
系则是霍加特研究的重点。当然，霍加特的研究并不能
穷尽"教堂"的所有意义，但它区分了教堂的历史意义
以及它之于后世的其他可能含义，避免了经典文学的
"去历史化"倾向。

社会阐释学并没有放弃对文本的细读，而是融合了
文学批评和社会学的方法，是"文化研究的方法论创
新"。② 一方面，它采取将现象普遍化—分类—理论化的
量化的、经验主义的社会学方法；另一方面，它继承了
文学和文学批评对特殊性的关注，借鉴了文学阐释学和
读者接受理论。文学阐释学认为，意义并不在于文本，

---

① Stuart Hall, "Richard Hoggart, The Uses of Literacy and Cultural Turn," in
Sue Owen (ed.), *Richard Hoggart and Cultural Studies* (London: Palgrave Macmillan,
2008), p. 18.

② Ibid., p. 26.

而是在于读者与文本的每一次遭遇；读者并非艾略特笔下客观、无关利害的"理想读者"，相反却为偏见左右。伽达默尔甚至怀疑这种"理想读者"是否存在。他说："想象自己可以不受偏见左右的人其实正经历着偏见对他的影响，这些偏见无形中左右着他。"[①] 偏见不可避免，是一切理解的基础，是读者存在的历史性必然，同时构成了读者经历新事物的基础、前提和能力。

然而，与文学阐释学仅仅将读者看作某种阅读策略中的抽象概念不同，社会阐释学赋予受众以实际的生活、历史内容。受众的"偏见"不但是个人与众不同、秘而不宣的生活经历，还与其社会阶层、性别和种族等社会类属相关，且不局限于这些变量。更重要的是，在关注"文本对读者做了什么"，即文本对读者主体性建构的同时，社会阐释学更强调"读者对文本做了什么"，即读者在具体的历史语境下消费文本时如何生产自己所理解的意义，如何与主导文化的主导意义谈判，挪用、改变甚至颠覆它。从这个意义上说，如果利维斯文本细读方法论规定的读者是等待被意识形态"质询"为主体的个体的话，那么社会阐释学强调读者积极参与霸权的过程，

[①]　Hans-Georg Madame, *Truth and Method*, trans. William Glen-Doepel (London: Sheed & Ward, 1979), p. 324.

即理查德·约翰逊所谓的"主体以历史和记忆形式进行的话语的自我生产"。①

在《广播政策的基础》一文中，霍加特特别强调了听众的能动性：

> 我们谈论广播将权威合法化的倾向，但对于听众从节目中接受了什么、他们对节目做了什么、个体内心发生了什么却闻所未闻。这里可与针对流行小说的文学批评作有用的比较。早期批评想当然地认为，一个受过教育的读者在小说中所发现的传统、平庸和老一套的东西精确地反映了小说读者的生活，小说和读者之间存在着非选择性、不加批判的对应。令人吃惊的是，竟然是 C. S. 刘易斯首先使我相信，人们可以从坏的文学中得到益处，他们能够从中作出选择而不是成为其受害者。②

---

① Richard Johnson, "What is Cultural Studies Anyway?" *Social Text* 16 (1986–1987) : 69.

② Richard Hoggart "Closing Observations," in R. Hoggart and J. Morgan (eds.), *The Future of Broadcasting: Essays on Authority, Style and Choice* (London and Basingstoke: Macmillan, 1996), pp. 155–156.

读者绝非他们所读到的或听到的，"人们可以从坏的文学中得到益处"，这对于利维斯而言无异于异端邪说了。值得注意的是，读者阅读并理解文本，可能导致文化研究面临道格拉斯·凯尔纳所说的"观众或抵抗拜物教"危险。与传统文本细读将作者—文本—批评家的三位一体看作意义的来源正相反，"观众拜物教"走向了另一个极端"阅读之外无文本"，[①] 即读者在阅读的过程中，将文本、社会和历史抛诸脑后，导致意义陷入"无政府"的状态。对此，应该看到的是，社会阐释学并不否认文本的"物质性"，但文本的内在结构影响却不决定某一种优势解读；而且，社会阐释学将读者的"前见"根植于生活文化的土壤中，文化成为读者与文本之间的中介，无形中彰显了传统在遏制意义"无政府"方面的作用。"社会阐释学"的说法并没有得到霍加特本人的认可，但这并不妨碍我们从"社会阐释学"的角度对其进行阐释。"有迹可循"的是，因《〈举国上下〉的观众》而名声大噪的大卫·莫利教授被问到他对电视受众的研究是否受到读者反应理论的影响时，他给

---

① Douglas Kellner, "Cultural Studies and Social Theory: A Critical Intervention," in George Ritzer and Barry Smart (eds.), *Handbook of Social Theory* (London: Sage, 2001), pp. 399–400.

了一个十分有趣的回答：在完成了《〈举国上下〉的观众》之后他才看到读者反应理论，对此他表示"相见恨晚"。① 不仅如此，霍尔亦认为，霍加特对读者的兴趣启发了他的编码—解码理论。② 这些无疑为我们对霍加特的"阐释"的合法性提供了佐证。

接下来，我们将以霍加特祖母的阅读经历为案例，进一步了解社会阐释学视野下工人阶级这一特殊读者群的阅读实践。

三、祖母的阅读

霍加特感兴趣的"读者"是植根于生活文化中的普通"工人阶级""人们"。他在一次采访中曾援引约翰逊的"我为与普通读者共鸣而欣悦"来说明自己的"理想读者"——聪明的非专业读者，而非专业读者。③ 他对

---

① Jin Huimin, "British Cultural Studies, Active Audience and the Status of Cultural Theory: An Interview with David Morley," *Theory, Culture & Society* 28, no. 4 (2011): 124-144.

② Stuart Hall, "Richard Hoggart, *The Uses of Literacy and Cultural Turn*," in Sue Owen (ed.), *Richard Hoggart and Cultural Studies* (London: Palgrave Macmillan, 2008), p. 26.

③ 马克·吉普森、约翰·哈特雷：《文化研究四十年——理查·霍加特访谈录》，胡谱中译，《中国传媒大学学报（现代传播）》2002年第5期，第83页。

这个读者群的研究首先来自对利维斯夫人的抗议。霍加特认为，利维斯夫人在《小说与阅读大众》中"机智地谈论通俗小说，但通俗小说总是离她远远的，好像她的鼻子上顶了一根撑碟杆"，[1] 她对工人阶级的描述与他所熟知的工人阶级相去甚远。这种差别可以归结为——借用人类学的术语——"内部视角"与"外部视角"的不同。尽管利维斯夫人在《小说与阅读大众》中对文学市场进行了调查，不仅参与设计、发放、收集和分析调查问卷，还访问了图书馆，光顾了书摊或报亭，但与工人阶级出身的霍加特相比，她对工人阶级读者群及他们日常生活文化的了解只是"远远"地观察，隔靴搔痒。进一步的结果是，她忽视了工人阶级生活经验的整体性，在自己"精英"意识不断膨胀的同时无可避免地将工人阶级贬为"文化笨蛋"。对此，霍加特曾批判说：

> 我倾向于这样看：关于流行文化的书往往失去了部分效力，因为它们没有说清楚"人们"指的是谁，没有充分地将对"人们"生活

---

[1] 马克·吉普森、约翰·哈特雷：《文化研究四十年——理查·霍加特访谈录》，胡谱中译，《中国传媒大学学报（现代传播）》2002年第5期，第83页。

某些方面的考察与他们更广阔的生活联系起来，与他们对待娱乐的态度联系起来。①

霍加特认为，工人阶级并非"白板"一块；他们尽管缺乏优雅的感受能力，但拥有自己的道德和传统，"有能力将他们自己的欲望、经验和批判能力带入他们的阅读，有能力以此为参照物对文本作出判断"。② 他们的"阅读"（广泛意义上的"阅读"，即对任何由符号组成的有意义的再现形式的阐释）并非精英式的"很好地阅读"，却更加多样化、民主化。他们"阅读"电视、电影、流行出版物等流行文化，也不排斥文学经典。他们对于作者或批评家的观点并不照单全收，甚至会产生某些"非主流"的看法，挑战批评家关于经典文学的假设。

在《识字的用途》中，霍加特记述了祖母阅读劳伦斯（威廉斯认为，劳伦斯是他碰到的第一个"工人阶级作家"）的情景：

① Richard Hoggart, *The Uses of Literacy: Aspects of Working-Class Life* (London: Chatto & Windus, 1957), p. 10.

② Raymond Williams, *The Politics of Modernism* (London: Verso, 1990), p. 25.

我清楚地记得她读了劳伦斯后的反应：大部分她都很欣赏，也并不震惊。但关于他对性的描写，祖母说："他大惊小怪，装腔作势。"①

再看某批评家对劳伦斯小说中"性"的阅读：

事实上，叙述者对"性"的不断重复到了令人呕吐的程度。其目的是暗示"性"空洞的含义，进一步否定它的任何意义。在连续的短短两段话中，"性"被重复了六次……如此迫切的重复就像梅勒的锤子一样敲打着她的意识，使之支离破碎……小说充满破坏意味的短语试图消除这些曾经伟大词语的麻木的、失去活力的意思，以便重新赋予它们异教徒生育图腾的宗教力量。总而言之，在对色情场景的描写中，"性"被重新定义，重新估量，恢复了活力……对"性"的重复也暗示了这个术语在20世纪初的科学和流行话语中无所不在。②

---

① Richard Hoggart, *The Uses of Literacy: Aspects of Working-Class Life* (London: Chatto & Windus, 1957) , p. 25.
② Harold Bloom, *D. H. Lawrence* (New York: Chelsea House Publishers, 2002) , p. 108.

　　暂且不说这位批评家拉丁语的熟练程度——他至少略知一二（ad nauseam，拉丁语"令人作呕"），他不仅能够熟练使用比喻等修辞技巧（好像……），他还掌握了大量宗教（异教徒生育图腾）和科学话语。而霍加特仅仅上过老妇人主办的家庭学校的祖母对"性"的解读则完全基于她自己的见闻和经验："在谢菲尔德，小教堂讲道坛后面的通奸见怪不怪。"[①] 对祖母而言，不道德性交在工人阶级生活中司空见惯，劳伦斯小题大做，这位批评家恐怕更是有过之而无不及了。细心的读者也许会反问：如果劳伦斯真实地再现了工人阶级的日常生活，那是否意味着工人阶级道德泯灭？在《识字的用途》中，通过对比以中产阶级和工人阶级为主要读者、探讨婚外恋的流行小说，霍加特对这个问题作了间接回答。他认为，中产阶级文学中的反派（不忠者）虽然以失败告终，但被刻画为一个乔装的英雄：他仿佛由于对世俗婚姻的反抗取得了某种精神上的胜利。这类故事暗含了某种情感的背叛：在精神层面上，情人比妻子更优越；婚姻制度是腐朽的，经济取代道德或宗教成为其基础。

---

　　① Harold Bloom, *D. H. Lawrence* (New York: Chelsea House Publishers, 2002), p. 25.

相比之下，工人阶级文学中的不忠者被塑造成妖魔的形象，作品描写偷情的目的是对其进行批判，以维护忠诚、婚姻和家庭等传统观念。与中产阶级文学中有关"性"空洞的、乏味的意义不同，工人阶级文学以传统价值为参考点，保留了"性"的丰富含义。

祖母的见怪不怪让批评家们从文学形式、宗教意义方面分析"性"的努力付诸东流。批评家们会反唇相讥，认为祖母的解读过于简单。然而，这也许恰恰说明他们将工人阶级文学复杂化、精致化了。同样作为文学批评家，霍加特的工人阶级背景令他对工人阶级文学持别样看法：工人阶级文学是一种"流行美学"。[1] 它不是"音乐厅"意义上的艺术或娱乐，不是充满先锋意味或者异国情调的"探索"，而是一种"展示"，[2] 对已知事物的"摄影"展示。它以现实主义为主要的再现方式，在现代主义、后现代主义几乎一统天下的 20 世纪成为西方文学最古老的模仿传统的新化身；它拒绝沉溺在能指的嬉戏中，在"解构"浪潮中守卫道德和价值的最后防线。

---

[1]　John Storey, *Cultural Theory and Popular Culture* (London: Harvest Wheatsheaf, 1994), p. 48.

[2]　Richard Hoggart, *The Uses of Literacy: Aspects of Working-Class Life* (London: Chatto & Windus, 1957), p. 100.

　　工人阶级"流行美学"与流行文化有着天然的亲缘关系。20世纪，现代主义文学（高雅文化的代名词）与流行文化分庭抗礼，霍加特认为是"将错误的东西彼此对立起来"。① 在他看来，阅读《派格杂志》（*Peg's Magazine*）、《每日镜报》和阅读莎士比亚、弥尔顿的作品一样重要。他提醒我们，"对流行文化的研究会让我们更具人性和更为谦逊"。②

　　祖母对"性"的阅读不仅揭示了工人阶级文学的美学特征，而且强调，读者并非意义传送带上消极的接受者或者单纯的文本消费者，而是与作者和文本进行沟通的谈判者、意义的建构者和生产者。文本意义既没有被完全"预定"，也不处于彻底的开放状态，而受到读者的经验、态度和目的的制约，这些制约因素又与读者的阶级、年龄和性别等影响因素有关。根据这些制约因素，读者接受、修改、忽视或者拒绝影响自主意义生产的"优势阅读"，形成一个完整的"态度光谱"。该"光谱"与读者对现实本质的理解相平行，其变化范围从客观主义经由主体间性过渡到主观主义。祖母不会接受由批评

----

　　① Richard Hoggart, *An English Temper* (London: Chatto & Windus, 1982) , p. 67.

　　② Ibid. , p. 128.

家所规定的"优势阅读",现实之于她不是书本知识,而是生活"常识",是她在与工人阶级"我们"和非工人阶级"他们"的互动中所建构的共同意义。同时,现实还是由不同语境造成的意义差异,她的阅读是主体间性的,是在自己和作者对现实的主观定义之间运作的。

读者乃意义生产者,霍加特与通过宣判作者死刑以解放读者的罗兰·巴特英雄所见略同。然而,在决定读者对文本的参与程度时,巴特从文本出发,区分了"读者性文本"和"作家性文本",而霍加特则转向了对实际语境中读者如何使用文本的研究。劳伦斯既然能被批评家们孜孜不倦地"细读",为何不可以是祖母茶余饭后的娱乐?劳伦斯可以用来凝视和启蒙,为何不能带来热闹和欢愉?读者使用文本的目的亦随着境遇发生变化,不可能两次遭遇同一文本。

跨学科的说法并不新颖,也并非文化研究一家之言。早在文化研究兴起之前就有文学的社会学、观念史等说法。然而,只有当以霍加特为代表的文化研究对文化进行人类学定义,当流行文化获得与经典文学同等的研究价值,当读者从被文本质询的抽象个体转变为在阅读中主动生产意义的现实的主体时,文化研究的跨学科时刻才真正到来。霍尔曾以半无奈、半戏谑的口吻称，由于传统人文学科从未严肃地将文化理论化，他与研究文化的同事迫不得已地在闪躲传统社会学、人类学之时偷袭它们，将跨学科的大旗插上敌人的山头，①而我们要认真地说，这般"闪躲"和"偷袭"背后暗藏着一套理论策略，即从文本转向语境。

小　结

本章集中探讨了霍加特的困境之一，即高雅文化和流行文化的悖论。面对西方世界 20 世纪六七十年代的人文危机，霍加特以大众文化重新定义英语学科，扩大了文学的疆土，并质疑了经典文学研究中的诸多假设和前提。他援引艾略特对文化的定义，"文化包括一个民族所有的典型活动和兴趣"，将原本难登大雅之堂的大众文化摆上了贵族的餐桌。

此外，霍加特始终对伟大的文学"高山仰止，景行行止，虽不能至，然心向往之"，即便他所处的时代的

---

①　Stuart Hall "The Emergence of Cultural Studies and the Crisis of Humanities," *The Humanities as Social Technology* 53 (1990): 16.

艺术风景画只是一片平原，不见巍巍高山或幽幽峡谷。他曾引用奥登的《石灰石颂歌》（*In Praise of Limestone*）说明他对"思维高地"（the uplands of the mind）的"仰止"：

> 如果它形成了
>
> 我们——易变无常的人类始终思念之风景
>
> 那是因为它消解在水中。①

艺术在当代社会似乎变成了"水中月镜中花"，然而，它总是通过诉诸人对美的渴求，更确切地说，诉诸求之不得后的失落，以自己的"不在场"设法引起注意。在抒发对"思维高地"的思念之情时，霍加特语气唯美，静穆如挽歌。

研究对象的变化意味着方法论亦需改变。在方法论创新方面，霍加特作出了巨大的努力，集中表现为由传统文学批评向社会学方法——文化阅读过渡。然而，这一过程中，他同样表现了某种理论模糊性和不彻底性。他热情地赞扬流行文化的社会功能，同时又用利维斯式

---

① Richard Hoggart, *Tyranny of Relativism: Culture and Politics in Contemporary English Society*, reprint（New Brunswick and London: Transaction, 1998）, p. 75.

的"辨别"和"判断"对流行文化的文本形式大加批判，其精英主义无处不在。在《文学与社会》一文中，霍加特提出："不去鉴赏好的文学，就没有人可以真正了解社会的性质。"[1] 然而，与大众文化相比，经典文学未必就是了解社会的更佳途径。经典之所以成为经典，往往是意识形态作用之结果，并反过来为意识形态服务。此外，无论如何强调"为价值而读""为语气而读""为意义而读"，文化阅读都必须从"事物自身"（the thing in itself）开始，否则将无法走远；无论社会学理论多么必要，必须保持文学对细节和特殊性的关注，如霍加特所言，"在与理论相遇的尽头，我们似乎再一次确认了具体性的重要性，它高于一切的重要性"。[2]

　　这里，我们并非要否定霍加特"将文本细读和社会学方法相结合的方法论创新"，更不是在低估文学之于文化研究的重要意义，而是向霍加特在文学和社会学交叉领域所作出的努力致敬，尽管他的方法并不彻底。这种不彻底性要归于文学批评传统强大的影响力，如约翰·斯道雷所说，传统的影响是难以估量的：在将近一

---

[1]　Richard Hoggart, "Literature and Society, " in Norman Mackenzie (ed.), *A Guide to the Social Sciences* (New York: New American Library, 1966) , p. 44.

[2]　Richard Hoggart, "Humanistic Studies and Mass Culture, " in *An English Temper* (London: Chatto & Windus, 1982) , p. 134.

百年的时间里它无疑是文化分析中的主导范式。它已然形成了英国学术和非学术生活某些领域中被压抑的"常识"。①

① John Storey, *Cultural Theory and Popular Culture: A Reader* (NSW: Pearson Education Australia, 2006) , p. 25.

第三章

理论与经验之间

第一节　理查德·霍加特：
反理论、无关理论者?

　　"理论必须以其效果来定义"，卡勒在《文学理论入门》中对理论如此定义。姑且不论此命题所包含的学术真理，"理论"至少在现实层面让理查德·霍加特离开了自己一手创建的伯明翰当代文化研究中心。按照戴维·洛奇的解释，20世纪60年代末理论的历史时刻已然到来，这位"以无法效仿的会话式（conversational）、实际（down-to-earth）的自传式风格"写作的英国文化研究奠基人若在研究中心继续自己的事业，恐怕是在逆流而上、打一场打不赢的战争，甚至沦为中心发展的桎梏。① 因此，霍加特的"激流勇退"是明智且值得庆幸的：他得以在接下来的40年内延续自己的文学（而非理论）写作，以飨读者。

　　洛奇的评论基于两点假设：其一，理论与文学的对立。深受阿诺德—利维斯传统影响的霍加特不赞成理

---

　　① David Lodge, "Richard Hoggart: A Personal Appreciation," *International Journal of Cultural Studies* 10, no. 29（2007）: 37.

论——大写或小写的；马克思主义、心理分析、女性主义或者后现代的。其二，读者喜欢文学胜过理论。理论语言的晦涩令广大读者望而却步，而阅读文学作品则产生愉悦。这些观点并不新颖，堪称关于理论的"常识"。然而，若按卡勒所说，理论乃对常识的质疑，乃自我反思，那么理论必须对这些常识进行反思，以探究这样一个问题："常识"在霍加特案例中究竟是诉说了古老的经验智慧，还是洛奇先生先入为主了？换言之，理论与文学之间是真实的对立，还是粗暴的二分法——无所不在的结构主义思维之后果？当如何看待霍加特与理论的关系？

一、理论：复制阿诺德模式

在探讨霍加特与理论的关系时，同洛奇一样，认为霍加特是位反理论和无关理论者的批评家不占少数，如斯蒂芬·科利尼就认为，霍加特并非当下知识分子之流的文化分析家、文学理论家、学术明星等，而来自一个更古老的英国道德学家家族，其祖先一支包括罗斯金、劳伦斯，另一支乃柯贝特和奥威尔；坚持道德判断是他们的"家族相似性"。① 科利尼将霍加特归于"英国道德学家"的谱系中，并因此断定他是反理论的，仿佛道德学家和理论家的身份是相互排斥、不可兼得的。

此种观点回应了英国文学和文学批评的"伟大传统"，在一定程度上具有合理性。受阿诺德和利维斯的影响，该传统中道德关注、经验主义较之理论一直处于优势地位。奇怪的是，科利尼竟然未将阿诺德和利维斯纳入他的道德学家谱系，个中原因此处不予细究。然阿诺德和利维斯这两块"丢失的拼图玩具"的确筑起了盎格鲁—撒克逊文学评论的道德丰碑。前者强调学习"人类所思所言之精华"带来的健康效果，如赖恩内尔·特里林所说："对文学研究的经典辩护认为，文学学习影响学生的个人情感（private sentiment），因此改善智力，尤其是接触道德生活时的智力。"② 而后者 20 世纪 30 年代主宰了英国文坛，对后世（霍加特及后来者）影响颇深。在与韦勒克就文学批评与哲学关系展开的著名讨论中，利维斯拒绝详细阐明自己的原则和立场，证明了他对理论的冷淡。这位"社会与道德的批评家，坚持语言

---

① Stefan Collini, *English Pasts, Essays in History and Culture* (Oxford: Oxford University Press, 1999) , p. 307.

② Lionel Trilling, *Beyond Culture* (New York: Viking, 1965) , p. 212.

与伦理的延续性，坚持形式的道德"。① 文学的目的在于
教人们生活，传导人文价值。生活密集且具体，集中于
亲密的、感官的、细节的和个人的事物，文学又追求经
验、感官和整体性，由是，产生了对抽象理论的厌恶
之感。

在这种语境下，理论成为与文学相对的天平的另一
端。套用索绪尔语言学的说法，差异产生意义，理论必
须在与非理论的对立中才能产生意义。在众多捍卫文学
的话语中，理论被视作人文学科的对立面和导致危机的
诱因。主要表现在：首先，理论打破了文学的边界，使
文学不再"纯粹"。文学理论专业的学生时常抱怨，自
己的阅读书单上马克思主义、心理分析、语言学、人类
学等理论五花八门，唯独没有文学作品。其次，理论的
专业化特点与人文学科的"通才"和"普适"理想背道
而驰，理论的有用性和文学宣称的"无利害性"也是针
尖对麦芒。

然而，这只是故事的一面。理论就像双面的杰纳

---

① Rene Wellek, *Concept of Criticism* (New Haven: Yale University Press, 1963),
p. 358.

斯①：如果说理论是导致危机的原因，它同时亦是治病的良药。通常认为，阿诺德为文学辩护建立了英语专业。他的意识形态对于无法像实用领域一样宣称自己有用性的英语系而言具有特别的吸引力——这些人文学者总可以凭借"亲切的多面手"（hearty generalist）② 标榜自己。然而，按照维奇和格拉夫的观点，文学领域的专业化是文学学科建立之可能性条件。为了与自然科学相竞争，文学系必须规范自己的课程，要求并提供专业认证。③因此，理论作为文学专业化的代理，如果不是更早的话，至少与文学系同时诞生。而当代理论不但加强了文学分工，而且在自身被物化的过程中扩大了文学的市场，巩固了文学系的地位。当伊格尔顿说"尽管仍激起担心被驱逐的人文主义的敌意，理论却部分由于它的高性能性、奥秘性、与时俱进性、稀有性和新鲜感，在学术市场获得了崇高威望"④ 时，他未必在完全否定的意义上批评

————————

① 杰纳斯是罗马神话中的天门神，头部前后各有一张面孔，故亦称两面神。在文中指理论具有双面性。

② Lawrence Veysey, *The Emergence of the American University* (Chicago: University of Chicago Press, 1965) , p. 184.

③ Gerald Graff, *Professing Literature* (Chicago: University of Chicago Press, 1987) , pp. 65 – 80; Veysey, *The Emergence of the American University* (Chicago: University of Chicago Press, 1965) , pp. 176–177.

④ Terry Eagleton, *Literary Theory: An Introduction* (Oxford: Blackwell, 2008) , p. 206.

理论。举例而言，在美国，后现代理论"丑闻"恰巧在文学的研究生教育前景最为黑暗、资金上捉襟见肘时"挺身而出"，将人文学科变成了攻击，同时捍卫所有重要原则的战斗场。同样，如约翰·吉约里所认为的，女性主义理论和种族批评对经典的质疑实则重申了经典和文学研究的重要性。这些理论强调不可言说、未被言说之事物，强调差异、"他者"、边缘和异质性，对被忽视的经验进行了重新概念化。

理论在寻求合法的意识形态时，往往把自己构造成反阿诺德主义。它揭穿人文学科的虚伪性：学术实践何以在带有价值偏向（批判）的同时不涉及价值观（"无利害"）？它攻击人文主义那普适、无关历史的自我神秘化。然而，在制定新的方向时，当代的理论家实则跟随了阿诺德的步伐。那么，理论在何种意义上复制了这位保守的人文主义者？我们不妨回到阿诺德的《文学与科学》一探究竟。

《文学与科学》出版于 1885 年。在这篇向剑桥学生发表的演讲稿中，阿诺德回击了赫胥黎的观点：（自然）科学应取代文学成为教育的重点。首先，他在继柏拉图、康德之后对人类心灵进行了三分：知识能力、美学判断能力和实践能力。然而，对整体性的希冀乃人之本性；

文学而非遵守加法逻辑的科学为弥合三者之间的鸿沟提供了可能。阿诺德写道：

> 跟随追求知识的本能，我们获得了知识片段（pieces of knowledge）；现在，从人的一般性中（in the generality of men）产生了将这些知识与我们的实践感官、审美感官相联系的欲望；如果欲望受阻，便会产生厌烦和不满。我认为，文学对我们的掌握之力就在于这种欲望。①

尽管阿诺德将牛顿和达尔文都归于文人的范畴，他的"试金石"却无一不是来自《圣经》和荷马。也就是说，文学非但没有扩展，反而成为专业化的领域，正是专业化的文学才能够克服专业分工。为了证明这一点，阿诺德诉诸经验，即文学对读者道德意识的提升有益。然而，"经验"指向过去，知识能力、审美能力和实践能力的"三位一体"要待未来实现。阿诺德的论证从经验证据转移到了对假想未来的呼吁："我们会发现……"

未来所允诺的认知调和良好地支撑了阿诺德的政治

---

① Matthew Arnold, "Literature and Science," in Lionel Trilling (ed.), *The Portable Matthew Arnold*(New York: Viking, 1949) , pp. 405-423.

方案，因为心灵能力的弥合预示了社会的统一。此处，"整体性"在继"认知整体性"之后获得了它的第二个含义——社会整体性。阿诺德认为，每个接受良好古希腊人文教育的人都能够看穿当下的党派之争，克服自私和狭隘的阶级利益。文学批评将诞生新的秩序，来自社会各阶层的个体都将参与其中，追求长期的共同目标和共同利益。这样，阿诺德不仅捍卫了文学在学院内部的重要性，也证明了学院对社会的巨大意义；不仅表明了文学对社会的批判功能，而且展示了其整合作用。他在承认智力分工的基础上克服了分工，在利用专业化的同时攻击了专业化。他的批评克服了教学和政治参与之间的鸿沟。当然，将来时的使用暗示，批评要想在学院之外发生作用还需假以时日。

现在，我们可以清楚地看到当代理论在何种程度上复制了阿诺德。如果说理论并非关于什么（theory is not theory of），尤其不是关于文学的理论——毕竟大部分的理论都萌芽于其他领域，那么这种学科不确定性同时标志着传统智力分工的崩溃。威廉斯的"大文学"概念或许在一定程度上宣告了文学之终结，然而，"文学性"和关于文本性的理论重新定义了知识领域，作为文学批评传统功能核心的文本研究已经在各个领域蔓延开来。

反过来，后现代对父权制、逻辑中心主义和意识形态神秘化的解构，阐释学，符号学等无一不是直接来自对文学的凝神观照。此外，如果说理论取代了政治行动，那么它同时将解放事业引入了教室。因此，从这些意义上讲，声称理论家实为阿诺德式的"通才"并不为过。

再回到霍加特。尽管我们无意将他与阿诺德等同，但当这位文化研究创始人在文化研究的奠基性文本《英语学院与当代社会：1963 年 2 月 8 日在伯明翰大学发表的就职演讲》（Schools of English and Contemporary Society：An Inaugural Lecture Delivered in the University of Birmingham on 8th February 1963）中宣称文学、历史学和社会学的跨学科研究时，我们知道，他亦是位乔装的理论家。更为重要的是，在面对整体性的诱惑[①]时，这位理论家屈服了。

二、"理论"的语言

洛奇断定霍加特是一位反理论家的第二个论据与语言风格有关。尽管"霍加特的'经验维度'将他的思想

---

① Jonathan Culler, *Literary Theory: A Very Short Introduction* (Oxford: Oxford University Press, 2011), p. 50.

从阿多诺'对概念的恶意着迷'（baleful enchantments of the concept）中救出"，① 他的语言有时难免给人虚张声势之感，亦夹杂着实用主义的常识。而霍加特本人关于理论语言的阐述加强了人们对他反理论的印象。他在《当地的习惯：生活与时代》中写道：

> 我不信任一些人使用抽象概念的方式：他们将此用作道具或拐杖，思想之替代物或向他人展示并使自己确信他们属于一个小群体的手段。我对任何不断地在自己的论文中滥用（pepper his papers with）"探索式的""霸权""等级""范式""问题群""物化""同构性"之类词汇的人都表示怀疑。有时一个人可能在好不容易读完几乎无法理解、的确令人生厌的论文后愕然发现，尽管他们所说的合情理（sensible）且某种程度上富有洞察力（perceptive），那套小群体的理论拽词儿（in-group theoretical language）却大可不必。②

---

① Bill Hughes, quoted in Sue Owen（ed.）, *Rereading Hoggart*（Newcastle: Cambridge Scholars Publishing, 2008, p.XXVⅡ.

② Richard Hoggart, *A Local Habitation: Life and Times, Volume One: 1918-40*（London: Chatto & Windus, 1988）, p. 95.

霍加特对理论语言之不满溢于"言"表。这很容易让人联想到巴特、福柯、克里斯蒂娃和德里达等后结构或后现代理论家——身为理论家的伊格尔顿称他们为"宁可从事哲学而非雕塑或小说的晚期现代主义作家"。① 他们将所生产的文本有意识地困难化，要求读者对形式（而不仅是内容）进行本雅明式的凝神观照。这种风格满足了批判的需要。以巴特为例，作品的复杂对他探讨知识的生产、组织和散播及这些如何反映并加强了社会结构等问题极为重要。要质疑甚至颠覆意识形态那些"不言而喻"，必须打破常规的语言——意识形态之载体，转而诉诸语言的嬉戏性、模糊性和多义性，无论是语义上还是句法结构方面的。

相比之下，霍加特"很少使用专家语言"，他的词汇"不寻常地普通"。② 他的文本将语言的形象性、象征性发挥到了极致。以上述引文为例，pepper 从原来诉诸感官（"sensible""perceptive"）的"胡椒粉""辣椒"之意引申为"密集地击打"，以赢得理论之战。然而，

---

① Terry Eagleton, *After Theory* (New York: Basic Books, 2003), p. 65.

② Jon Nixon, "The Legacy of Richard Hoggart: Education as a Democratic Practice," in *Re-reading Richard Hoggart*, p. 31.

这并不意味着他对语言——意识形态问题无所意识，恰恰相反，他对这些问题的敏感远远超出一般预期。他充分地意识到："我们每个人所继承的特定语言控制着我们的意识；它们激起必需的态度，并阻止产生不为文化接受的另一些态度；然后这看起来像极了'常识'和'坦白谈话'；一如既往且无所不在。"① 因此，他提倡，要认清貌似中立、显而易见陈述中的意识形态编码：

> 打破常识的保证，拒绝陷入它的泥潭，这对知识分子，尤其是初出茅庐的知识分子而言是令人钦佩且绝对必要的。约请"常识"可能不是为意识——通常推测普通人会表现这样的意识——辩护，而是为了证明，在受到智力挑战、被接受的看法（而非思想或意识）被动摇时寻求庇护是正当的。它最青睐的箴言是："理所当然的是……"，意即"它在这些方面是普适的、未受质疑、不假思索的假设，因此必

① Richard Hoggart, *Tyranny of Relativism: Culture and Politics in Contemporary English Society* 1995, reprint (New Brunswick and London: Transaction, 1998) , p. 157.

定是正确的"。①

　　如同巴特对资本主义意识形态的"去神秘化"，霍加特对"常识"的解码亦是个政治问题。他强调，资本主义通过利用"常识""接近工人阶级，尤其是……沿着他们被暴露的方向"。② 为了将自己的主张表征（"表征"是一个文学和文化理论术语，英文为 represent）为工人阶级的惯常生活方式，广告商、播音员和流行报刊模仿他们的成语；大众文本的制造者并不直面自己的经验并以文字的形式对其再创造，读者往往直接寻求对作者本人而非文字的理解。尽管霍加特简化了文本与经验之间的关系，他同时在一定程度内为巴特的复杂风格提供了支撑：读者必须审视看似不证自明之物，"努力思考词语的重量，或苦心探索细微的差别，或跟踪……适度复杂的句子结构"。③

　　这样看来，霍加特对理论语言的批判并非对巴特式复杂散文风格的拒绝。实际上，他所反对的是"为理论

　　① Richard Hoggart, *First and Last Things* (New Brunswick: Transaction Books, 2002), p. 122.

　　② Richard Hoggart, *The Uses of Literacy: Aspects of Working Class Life* (London: Chatto & Windus, 1957), p. 89.

　　③ Ibid., p. 166.

而理论",主要表现为两方面:首先,他认为,理论已沦为封闭的话语,一个备受局限的研究对象,而非探讨智力、政治问题的方法。他曾援引卢西恩·古德曼说明此观点:"尽管一个人不希望低估理论的重要性和理论语言的必要性……古德曼指出,有些理论忘形了,变成了形式主义体系,倾向于以极端的形式消除对历史和意义问题的任何兴趣。"① 霍加特此段引言试图说明,理论语言乃说明、理解外在于理论的事物和问题的手段,而不能成为这项工作的替代品。如果说文学与历史之割裂是新批评赋予文学本体地位之理论的话,理论自身与历史的割裂势必意味着文学和理论的双重僵化和死亡。霍尔对"理论娴熟"(theoretical fluency)的批判说明,尽管权力和政治问题总是深存于表征中,总是话语问题,但某些学术话语已经取代了政治实践。② 他将此现象归结为体制化的结果,即问题并非内在于理论思想,而是理论研究成为少数人的"职业"所造成的恶果,它迫使"理论"成为爱德华·萨义德所说的"学术自身

① Gibson and Hartley, "Forty Years of Cultural Studies: An Interview with Richard Hoggart," *International Journal of Cultural Studies* 13, no. 2 (1998): 177.

② Stuart Hall, "Cultural Studies and its Theoretical Legacies," in Lawrence Grossberg, Cary Nelson, and Paula A. Treichler (eds.), *Cultural Studies* (London and New York: Routledge, 1992), p. 280.

之追求"。①

　　而理论成为学院体系的一部分削弱了它对"墙外"
问题（这里的"墙外"指的是大学之外，传统文学研究
之外）的参与，这不但抹杀了文化研究的成人教育渊
源，还削弱了文化研究的实践品性。对于文化研究而言，
理论化应当成为"必要的迂回，努力影响并改变物质条
件和力量、社会关系结构、实践组织和社会生活本身。
然而，理论常常取代了危机分析，取代了理论与历史具
体性的接合"。② 理论以自身为目的，成为文字游戏。

　　在该语境下，理论语言的自我复杂化往往沦为专业
知识分子借以巩固自己"一亩三分地"的战略，即霍加
特所说的"向他人展示并使自己确信他们属于一个小群
体的手段"。某些术语是原始部落的徽章，就像假装从
内科医生口袋里垂下的听诊器一样。它不但将自己的追
随者与"墙外"人士区分开来，而且还与邻近学科的学
者（如文学）相区别。对"小群体语言"的强调导致对
问题的讨论仍归"少数派"保管，他们标榜自己为"进

---

　　① 　Edward Said, "Orientalism and After, " in Peter Osborne (ed.) , *A Critical Sense Interviews with Intellectuals* (London: Routledge, 1996) , p. 73.

　　② 　Lawrence Grossberg, "Introduction: CCCS and the Detour through Theory, " in Ann Gray, et al. , *CCCS Selected Working Papers*, Vol. 1 (London and New York: Routledge, 2007) , p. 42.

步的"代表，然不与大众对话何谈代表大众利益？这是文化研究左派不可回避的问题，也是伊格尔顿缘何说："激进的文化理论蓄意晦涩就是丑闻。这不是因为它只要运用简短的单词就可以获得成群的劳苦大众，而是由于文化理论的整个观念从根本上说是民主的。"①

总结看来，在批判语言——意识形态问题方面，霍加特与巴特"同归"却"殊途"。尽管脱衣舞女郎、红酒、摔跤手等都设法成为巴特的符号学阅读文本，但这位"读者"将自己塑造为具有高尚品味的鉴赏家，其理论即"先锋艺术"。而霍加特更为关注理论的沟通方式及与谁沟通：批评必须有助于"聪明的外行人"（霍加特的理想读者）参与民主讨论。他的批评并非反对理论而是关于理论的探讨——理论不能僵化为体制形式，而应表达更为广泛的社会关注和政治旨趣。

三、语言、文学和民主批评

那么，与谁沟通？对此，霍加特这样回答：

---

① Terry Eagleton, *After Theory* (London: Allen Lane, 2004), p. 77.

对我来说，总有一种可能的观众的感觉，有人问我："你以为你是为谁写的?"我有时会被问到，一次又一次，近乎挑衅（truculence）。"是谁组成了你经常提到的'我们'，而且似乎有点自信? 你难道没有意识到，你所谓的习惯性听众几乎已经消失了，或者通过专业培训，已经分散到无法触及的地方；现在大多数人都坚持自己的专业阅读?"①

霍加特心目中的"理想读者"是"聪明的外行人"。"我为与普通读者共鸣而欣悦"，他在一次采访中对塞缪尔·约翰逊博士的这句名言表达了敬意。为了唤起观众的认同，霍加特在写作（尤其是后来的散文）中通常采用第一人称"我""我们"；他的语言不同寻常地普通，

---

① Richard Hoggart, *First and Last Things* (London: Aurum Press, 1999), p. 181. 接下来要讨论到本段的语言技巧，故此处附上原文: There has always been, for me, the sense of a possible audience, of someone out there "Whom do you think you're writing for?" I am sometimes asked, now and again with near truculence. "Who makes up the 'we' you invoke often and with some apparent confidence? Haven't you realized that your supposed habitual audiences, 'the saving remnant', have all but disappeared or been, through professional training, dispersed beyond reach; that most stick to their own specialized professional reading nowadays?" Stefan Collini, "Critical Minds: Raymond Williams and Richard Hoggart, " in *English Pasts: Essays in History and Culture* (Oxford: Oxford University Press, 1999), p. 219。

"口语化、简单、由隐喻和明喻架构而非仅仅装饰"。①
然而，这并不意味着霍加特没有能力使用复杂的词汇或
缺乏语言技巧。实际上，他的语言于朴实中"暗藏玄
机"。以上段引文为例，挑衅一词担有十分的分量，因
为"它被用于整段主要由盎格鲁-撒克逊、单音节的派
生词组成的段落中。它的使用机智诙谐，因为它将霍加
特的贬低者与略微不合礼节的词语联系起来"。霍加特
仿佛在说："我能够使用类似挑衅的词语，但我选择不
用，因为它们是你们的词，而不是我的。"② 霍加特通过
一个词语巧妙地回击了质疑者。

在面对观众时，与利维斯夫人不同，霍加特力求拿
下顶在鼻子上的"撑碟杆"。这不仅是出于对工人阶级
智识能力的尊敬和肯定（他从成人教育中获得的认识），
而且基于这样一种想法：有效的批评取决于辩论。正如
哈贝马斯所认为的，"主张的合法性取决于将自己确立
为'更好的辩论'（better argument）能力"。③ 也就是

---

① Stefan Collini, "Critical Minds: Raymond Williams and Richard Hoggart, " in *English Pasts: Essays in History and Culture* (Oxford: Oxford University Press, 1999) , p. 219.

② Jon Nixon, "Richard Hoggart's Legacy of Democratic Education, " *International Journal of Cultural Studies* 22, no. 2 (2007) : 66.

③ Harbermas, *Moral Consciousness and Communicative Action* (Cambridge: The MIT Press, 2001) , p. 160.

说，批评家必须像古罗马时期的辩论家一样，向公众展示自己丝丝入扣的论证逻辑，甚至将整个推理交由他们"细察"。而太多的专业词汇不但预设了观众类型，而且阻碍民主交流的过程。

何为辩论（debate）？debate 一词由拉丁词根 battere（打击）加上表示反义的前缀 de-（此处本为 des-）构成。因此，desbattere 意即"不打击"。可见，在古罗马人那里，辩论并非唇枪舌剑地你来我去，而是彼此心平气和地阐述观点的行为，是文明高雅的活动。当然，其前提是辩论双方处于平等地位。在霍加特的文本里，我们"听到"（阅读）工人阶级和平地发表与知识分子迥异，甚至抵触的观点和意见，形成了比尔·休斯所谓的"巴赫金式的多声部"（Bakhtinian multiplicity of voices）。[1]工人阶级语言被表征为一种独特文化的组成元素，而非单纯的学术研究对象。"直接交易"（straight dealing）、"对事物抱乐观态度"（looking on the bright side）、"伸出援手"（lending a helping hand）等尽管都使用了引号，但却形成了文章结构的一部分。而且，如我们将在下一

---

[1] Bill Hughes, "The Uses and Values of Literacy: Richard Hoggart, Aesthetic Standards, and the Commodification of Working-Class Culture," in Sue Owen (ed.), *Richard Hoggart and Cultural Studies* (London: Palgrave Macmillan, 2008), p. 220.

节中所讨论的，它们构成了工人阶级思想和阐释传统，必须放在该传统中加以理解。其达到的效果是，批评的能力被再现为内在于工人阶级，而非由学者或评论家从外部引入或自上而下"教化"之结果。各种声音的交织暗示了一个相互交流、有来有往的过程，为诸如祖母的个人的"自我获得的想象力"（self-acquired imaginative wisdom）和他们"对生活条件的独立、清晰的反思"（self-contained, unarticulated reflection on the terms of life）① 预留了空间。

霍加特的文本即构成了辩论场域，被代表的工人阶级不仅于其中发言，而且以他们自己的声音发言。在这里，语言根据社会阶层分层为话语，主要表现在方言的使用上，如工人阶级独特的发音（Ah tek a man as'e is.）和语法结构（如双重否定，"I don't like nobody"）等。工人阶级话语，如巴赫金所言，"并非一个命名形式的抽象系统，而是关于世界的具体的、它谓的（heterological）观点。每个词语都散发出一份职业、一种风格……的气味。每一个词语都有一种语境和所有语境的味道，它们于其中度过了自己紧张的社会生活；所有的词语和形式

① Richard Hoggart, *Everyday Language and Everyday Life* (New York: Transaction Publishers, 2003), p. 126.

都是意图的居住地"。①

除了使用非专业的口语化语言之外，霍加特对文学的关注促使他能够更好地与"聪明的外行人"交流。这就涉及知识形式的问题。在霍加特看来，工人阶级极少对理论感兴趣，却有着小说家般的想象力；他们不依靠概念进行判断，却拥有惊人的直觉判断能力。而文学强调"诗性、形而上、直觉判断"之价值，故与工人阶级之间具有韦伯意义上的"选择性亲和关系"。文学通过对"生活体验的完整性（the experiential wholeness of life）——情感的生活、思维的生活、个人生活、社会生活和充满实物的世界（the object-laden world）的探索"，② 体现了直觉判断这一通常被学术作品排斥的知识形式。然而，文学并非对社会结构的被动反映，而是通过修辞和美学形式积极探索社会的外在形式和含蓄假设：最优秀的小说家不仅对个体赖以生存的社会物质结构及其心理结构极其敏感，而且通过形式和内容的相互作用——尤其在现代主义文学作品中，形式即内容，"有

① Tzvetan Todorov, Mikhail Bakhtin, *The Dialogical Principle* (Minnesota: University of Minnesota Press, 1984) , p. 35.

② Richard Hoggart, "Literature and Society, " *American Scholars* 35 (1966) : 126.

意味的形式"——而获得对社会的洞见。在对材料证据的选择使用和组织形式方面，文学有别于社会学，总能发现"有意义的细节"（significant detail），而非首先预设了一个先验的逻辑结论后有目的地寻找支持该观点的数据而舍弃其他。

在评论《识字的用途》时，威廉斯写道：

> 显而易见，现实主义小说日益衰亡，声名狼藉，我们正因此蒙受损害。既然我们都是且深知自己乃生活在社会里的个体，这一传统理应复兴。有效的批判工作、社会观察和思想分析能够进行，然而，最终除了凭借更加传统的想象方式之外，我不知道该如何充分地调和事实的世界和感觉的世界。①

威廉斯认为，必须提倡一种更加"文学"的学问形式，该形式不仅将文学的对象用作文化分析的素材，并且强调文学的方法，即对想象和主观事物的敏感，对形式的高度意识。在他看来，霍加特在这方面并非至善至

① Raymond Williams, "Fiction and the Writing Public," *Essays in Criticism* 7, no. 4 (1957): 428.

美，因为他在小说或自传和社会学之间徘徊不定。然而，他到底意识到了霍加特的"形式极端主义"。实际上，与其说霍加特的作品因为不同风格的混杂而支离破碎，不如说它对多重视角保持开放的姿态，通过将各种迥然的分析形式（个人记忆、社会学数据、名言等）并置打破了既成的学科分界。而这一切都基于这样一种想法：智力活动、学术研究并非学者的职业活动，而是大众之普遍关注。霍加特对文学的热爱和他的文学方法激活了他的民主批评，使他能够"伸展开来，与他者对话"。①

第二节　文学性的学术写作
——对工人阶级的民族志研究

　　如上节节末所提到的，威廉斯曾批评霍加特在小说或自传和社会学之间游移不定。风格混杂导致霍加特腹背受敌。一方面，利维斯不无遗憾地说道，《识字的用

①　Richard Hoggart, *An Imagined Life* (London: Chatto & Windus, 1992), p. 26.

途》本应写成一部小说;① 另一方面, 评论家艾略特·弗赖森认为,《识字的用途》"不是一份专业的社会调查报告";② M. M. 刘易斯则警告读者"将这本书作为对报纸、电影、收音机和电视对当今'工人阶级'的影响的严肃讨论是危险的";③ 更有批评家将霍加特斥为纯粹的"印象主义", 缺乏社会学的客观性。

这些批评有失公允。霍加特在《识字的用途》开篇即声明, 他拒绝"社会学调查的科学检验特征"（the scientifically-tested character of a sociological survey）,④ 而强调小说家（尤其是劳伦斯）在帮助读者了解工人阶级生活质量方面的价值。因此, 将《识字的用途》当作社会学著作阅读已然有违作者本意。然而, 霍加特亦无意将该书写成一部小说,《识字的用途》实际上也并非小

① 利维斯对《识字的用途》的评论是:"嗯, 挺有趣。应该写成一部小说。"霍加特对此的反应是双重的:一方面, 他认为利维斯承认他具备了通常认为的写小说所需要的才能; 另一方面, 利维斯在警告他不要越雷池半步（keep off the grass）。详见 John Corner, "Studying Culture-Reflections and Assessments: An Interview with Richard Hoggart, " in Richard Hoggart, *The Uses of Literacy*, reprint（New Brunswick: Transaction Publishers, 1998）, p. 273。

② Eliot Freidson, "Review of The Uses of Literacy, " *The American Journal of Sociology* 64, no. 1（July 1958）: 97-98。

③ M. M. Lewis, "Review of the Uses of Literacy, " *British Journal of Educational Studies* 6, no. 1（November 1957）: 82-83。

④ Richard Hoggart, *The Uses of Literacy: Aspects of Working Class Life*（London: Chatto & Windus, 1957）, p. 17。

说。无论从对象还是研究方法而言，一部基于个人经验的社会观察，具有文学性质的民族志研究是对该书比较准确的定位。这种定位既承认了利维斯夫人对霍加特的影响，① 又契合了威廉斯所倡导的"更加文学性的学术写作"（a more literary form of academic writing），揭示了文学和民族志方法的内在一致性，恰如罗兰·巴特所说："在所有学术话语中，民族志的话语似乎最接近小说。"②

文学对再现方式的反思帮助霍加特重新思考人文学科的"无关利害"，最大限度地接近"客观性"和真理。在人文学科中，客观性非加引号不具意义，霍加特对此有深刻认识。然而，"我们必须表现得仿佛能够直达客观真理（drive right through to objective truth），以此才能够触摸到思维的基石"。③

就叙述方法而言，半间接与距离化的叙述手法使霍加特不至于消失在自己的研究对象中，避免了"内部视

---

① 霍加特受到了利维斯夫人的影响。她在《小说与阅读大众》中，运用了一种具有"人类学性质"的方法对文学市场进行调查。她不仅参与设计、发放、收集和分析调查问卷，还访问了图书馆，光顾了书摊或报亭，这些都成为民族志参与式调查或田野工作的雏形。

② Roland Barthes, *Critical Essays* (Illinois: Northwestern University Press, 1972), p. 134.

③ Richard Hoggart, "Literary and Sociological Imagination," in *Speaking to Each Other: Volume 2: About Society* (New York: Oxford University Press, 1970), p. 255.

角"的弊端。而且，借助这种手法，霍加特将个人经验与社会的整体变化交织在一起，使叙述者身上所发生的事情具有了更广泛的相关性和意义，解决了工人阶级自传者通常面临的问题。最后，这种手法使读者处于更有利的阅读位置，正如霍加特援引康拉德《黑暗之心》所证明的："当然，在这里你们这些家伙看到的比我能看到的更多——你们看见了我。"[1] 也就是说，霍加特既是叙述的主体，又自为叙述的对象。他借助文学的方法完成了对主体性的反思，将之视为历史、社会与文化论述的产物，在使用个人经验探讨文化时尽可能地克服了主观性。

一、被忽视的传统

文化研究学者安·格雷认为，霍加特的《识字的用途》是对两次世界大战期间英国北部工人阶级日常生活的民族志研究。然而，如此定性之前，我们面临这般质疑：对囿于如此有限空间（英国本土）的工人阶级的描述能称得上民族志研究吗？言下之意，民族志学者不应

---

[1] Richard Hoggart, *The Uses of Literacy* (London: Chatto & Windus, 1957), p. 19.

远离故土，翻山越岭或漂洋过海深入南美热带雨林或太平洋西北部的原始部落中去吗？况且，与身上布满彩绘、头上插戴翎羽的部落居民相比，霍加特的研究对象——英国工人阶级并无丝毫异域风情。

对于这样的疑问，我们认为，质疑者应当对民族志研究作历史的考察，以消除早期民族志者留下的殖民和浪漫色彩。从词源上讲，ethnography（民族志）由词根"ethno"（来自希腊文中的"ethnos"，意指"一个民族""一群人"或"一个文化群体"）和"graphy"（记录，描绘）组成，即"描绘人类学"。它通过对人及其文化进行详细、动态、情景化的描绘，探究文化的整体性生活、态度和行为模式。它要求研究者长期与当地人生活在一起，通过自己的切身体验获得对当地人及其文化的理解。诚然，早期民族志研究发源于西方"发达"国家学者对世界上其他地区残余"原始"文化的兴趣，然而，这只是民族志研究的起源之一。帕特里克·布伦特林格认为，《识字的用途》源自19世纪以降对工人阶级进行"民族志"观察的漫长的英国传统。[1] 这一传统最早可以追溯到亨利·梅休的《伦敦工人和伦敦贫民》，

---

[1]　Patrick Brantlinger, *Crusoe's Footprints: Cultural Studies in Britain and America* (London: Routledge, 1990) , p. 68.

狄更斯的工业革命小说以及伊丽莎白·加斯克尔的《南方与北方》等。在这些作品中，研究者（资产阶级或贵族作家）以施恩者的形象到穷人的地区"旅行"，记录下自己的所见所闻。

与此不同的是，《识字的用途》隶属于工人阶级自我表征的自传体传统。然而，这种传统在很长一段时间内被忽视了。究其原因，工人阶级在政治上长期处于被代表、未被充分代表或被错误代表的地位；更为重要的是，工人阶级缺乏主体性。自传一般被看作理智、统一的主体或自我的启示。工人阶级并非独立个体，而是组成"无差别的大众的社会原子"。如此受阶级因素限制的自我概念导致工人阶级的自传降级了：它无非解释了社会剥削对修辞性自我表达的心理影响，缺乏美学特征。

这种传统肩负着以个人经验再现集体经验的重担，因此，通常表现出某种矛盾和分裂：一方面，它必须证明个体经验具有更广泛的相关性和普遍性；另一方面，与社会学从特殊性抽象出普遍性的做法不同，这种传统不能牺牲经验的独一无二性。实际上，在普遍性与特殊性的天平上，工人阶级自传往往因倾向于普遍性一端而备受诟病。在此类作品中，阶级历史取代了个人经验。南·哈科特关于工人阶级自传史与政治运动之间的一致性的研究表明，工人阶级自传史就是阶级革命史。① 然而，"自传作者的焦点一从他们的个人经验转移到时代的总体历史，他们的自传就遭殃了"。② 因此，如何将对个人经验的诉说与社会历史、文化变迁有机整合是工人阶级自传者面临的主要问题。霍加特如何解决这一问题？本节第二部分将对此进行详细讨论。

　　第二个质疑是关于方法论的。评论家斥责霍加特为"印象主义"情有可原。一般而言，社会学研究应布满数据信息、实际调查，研究者应使用社会学术语或分析模式。然而，综观《识字的用途》全书，霍加特除了在注释部分援引社会学数据证明自己的观点之外，在主体部分没有使用任何社会学分析模型，反倒是对儿时经历的回忆和记叙占据了主要篇幅。对此，应该看到，民族志作为人类学独一无二的研究方法，强调在真实情境下

────────────

　　① 南·哈科特认为，工人阶级自传史与他们的政治之间具有阶段一致性：在第一阶段（1800—1848），工人阶级首次尝试将自己定义为一个阶级，其政治活动以宪章运动的失败告终。相应地，这期间工人阶级自传中鲜有自我表征和内省，取而代之的是对政治运动的记录。第二阶段（1848—1880），随着经济的发展，出现了"劳工贵族"，因此这期间的自传者主要是工匠，他们强调互助和道德福利。第三阶段（1880—1890）的工人阶级自传者包括政治活动家及被自己阶级放逐的人。他们不再对道德感兴趣，要么极具煽动性，要么极其冷漠。

　　② Patrick Brantlinger, *Crusoe's Footprints: Cultural Studies in Britain and America* (London: Routledge, 1990) , p. 70.

对行为的直接、连续的观察而非对社会学模型的生搬硬套。从体裁上来说，它十分接近文学。罗兰·巴特曾说："在所有有学问的话语中，民族志的话语似乎最接近小说。"① 霍加特在《识字的用途》开篇也说，他拒绝"社会学调查的科学检验特征"（the scientifically-tested character of a sociological survey），② 而强调小说家（尤其是劳伦斯）在帮助我们了解工人阶级生活质量方面的价值。在该书第一部分，霍加特生动详尽地描写了工人阶级生活的各个侧面：工人聚集的小酒馆、工人俱乐部、流行于普通群众之间的期刊、他们钟爱的体育活动、语言习俗与私生活等。帕斯隆认为，在这些看似分散的"文学"描述背后，暗藏着一套经典的民族志标题和目录：

> 对空间和居所的组织
> 季节性或每周的旅行及运动
> 工作、休闲的节奏和地点
> 两性关系

① Roland Barthes, *Critical Essays* (Illinois: Northwestern University Press, 1972) , p. 134.

② Richard Hoggart, *The Uses of Literacy* (London: Chatto & Windus, 1957) , p. 17.

　　家庭结构及孩子的教育

　　对经济、文化和宗教实践的表述

　　一系列的实物及货品，还有决定其使用的
模型①

　　霍加特的文学方法通过对研究对象的具体行为、
场景、形势的细致观察和记录，通过将具体行为语境
化，使民族志研究免于沦为枯燥乏味的行为模型分析，
从而为马林诺夫斯基所提倡的"最无可取代的民族志
方法的贡献"——从对"现实生活的不可估量性"（the
imponderabilia of actual life）的探究中看透其中所表达的
"精神态度"（mental attitude）——提供了实际榜样。②

二、半间接和距离化叙述手法

　　在人类学研究中，"内部视角"和"外部视角"是
两种基本的研究范式。前者是从被研究者的、当地文化
的视角来研究的"主位"研究方法，而后者是从研究者

---

　　① 　Jean-Claude Passeron, "Introduction to the French Edition of Uses of Literacy," in *CCCS Selected Working Papers*, Vol. 2 (London: Routledge, 2007), p. 27.

　　② 　Ibid. , p. 28.

的、文化外部的视角出发的"客位"研究方法。二者的区别在于，"内部视角"以社会位置为核心，是行为模式而非比较模式。此视角虽然表现当地人对自身社会的认识，但也表达其渴望；不仅是当地人了解的世界，同时还是他们希冀的世界。当地人按照自己文化的范畴对现象分类，并由此解释世界，以决定自己将如何行动。调查者则以完全不同的目的对现象重新分类，他根据自己认为有意义的标准，确定某一文化与另一文化对等或一致的现象，认为这些对等关系对他思考有关社会、文化或人类关系如何运转的理论原理至关重要。调查者关心的不是自己该如何行动，而是研究对象怎样做，他将研究对象的概念体系纳入需要阐释的部分中，将研究对象自己的解释作为"内在依据"，将从研究对象那里搜集的模式分解重组，以便从中构建出自己的模式。当地人的推理是否成功，取决于它是否能在特定背景下引致期望的社会反应。调查者的目标则是使背景更加明晰，进而摆脱背景的束缚，在一个更高的层次上实现具有普遍效力的概括。马林诺夫斯基也曾表达过类似的观点："我们必须牢记，显示在我们面前的庞大、复杂又秩序井然的制度，是原始人长期行为和追求的结果。他们没有制定明确的法律、目标或宪章。他们不了解自己社会结构的总体轮廓，只知道自己的动机，知道每一个别行为的目的及应用于它们的规则。至于总体上的制度状态是如何形成的，则超出其智力范围。即使最聪慧的土著居民，对大规模组织化的社会制度'库拉'（kula）也没有多少明确理解，对其社会学功能及内涵意义所知更少。你若询问何为'库拉'，他会列出若干细节回答，最可能的是举出他的个人经验及有关'库拉'的主观看法，却得不出任何近似于精确定义的结论，甚至做不出具有部分联系的描述。在他的思维中没有整体映像，他自己置身于其中，不能从外部观察整体。"①

霍尔认为，在内部视角与外部视角的天平中，霍加特毋庸置疑地倾向内部视角一端。他能够从对生活之事物的探究中看透其中的"精神态度"得益于他的"内部视角"，"从内部阅读文化"。笔者认为，这种看法是有问题的。实际上，内/外视角在《识字的用途》中并非泾渭分明，霍加特更像是马林诺夫斯基所说的"参与式观察者"（participatory observer）。这种消解二元对立思维的视角使得他能够扬长避短。一方面，他的工人阶级背景使他获得马林诺夫斯基式的"基于同情基础

---

① Bronislaw Malinowski, *Argonauts of the Western Pacific* (New York: New York University Press, 1961) , pp. 25, 83.

上的理解";① 另一方面，他得以规避"内部视角"的缺点。"内部视角"过度强调经验的"真实性"。如约翰逊所言："看起来，基于同情认同的民族志（或历史）与文化的经验性或'表达'模式之间存在着紧密的联系。"② 民族志方法时常给人一种错觉，即此种方法极为简单。部分而言，这是因为此种方法类似于我们的常识，也类似于社会世界的日常生活途径。我们借着遵守结构和规约来掌握世界的意义，以我们对于社会、文化的理解能力为基础，透过观察来理解世界，并记录下观察结

---

① 关于马林诺夫斯基的"基于同情基础上的理解"，当年，马林诺夫斯基的日记出版后，整个学界一片哗然。人类学经历了一场史无前例的地动山摇，一如詹姆斯·沃森的 DNA 双螺旋结构带给生物学的巨大影响。那个即使在异国环境中亦能如鱼得水、游刃有余，被称为"具有神人能力、策略、耐心，主张世界大同主义的活着的奇迹"的马林诺夫斯基瞬间走下了神坛：他的道德品性受到了普遍的质疑甚至谴责。"很遗憾我不是个野人"，马林诺夫斯基在日记中披露了与土著女人结婚生子的欲望。然而，格尔茨认为，日记所展示的不是道德问题，而是认识论问题："如果我们打算——在我看来，我们必须——谨遵以当地人的视角看问题的命令，却不能据有心理亲密的某种独特形式，即与我们的对象产生跨文化的认同，我们将身置何处？当同情（einfuhlen）消失的时候，理解（verstehen）又将如何？"同情是理解的基础，而这种同情是内在于民族志当地人视角（又称内部视角）这一方法本身的。格尔茨读懂了马林诺夫斯基。后者认为民族志的主要使命就是"掌握土著居民观点的意义、他们同生活的联系以及他们实现其世界的想象力"，为了实现这一使命，人类学家应努力按照土著的概念、范畴和解释去揭示。因此，与其说日记折射出马林诺夫斯基无法割舍自己七情六欲的凡夫俗子形象，不如说他在追求人类学家理想的心理构成。

② Richard Johnson, "What Is Cultural Studies Anyway?" *Social Text*, no. 16 (1986-87) : 70.

果。而这可能造成人们将描述当作真实经验的证据或生活方式的记述，以天真的、缺乏反身性的方法来理解他者的生活。特纳认为："民族志的运作方式是，特定的社会条件成为具体的生活条件。鉴于此，很难不优先考虑'真实的东西'——个人所见所闻的经验性证据，很难不允许这类证据压倒其他种类的证据。"①

　　然而，经验实则是个悖论。一方面，这个概念对于理解作为生活经验的文化至关重要；另一方面，个体非借助语言无法理解经验，因此，作为具体类别的经验似乎消失于话语和语言中。人文主义者认为，经验是真实的来源，"经验"早已存在于某处，只是被遮蔽了，正安静温顺地等待研究者的描述和发现，从而成为"可见的"事物。然而，后结构再现理论宣称了"可见性"的虚幻：人不可能达到对世界和客体直接的、不经中介的通透理解；所谓的"真实""真理"只是文化或话语建构的产物。福柯认为话语之外无事物，同样，话语之外无经验。因此，必须对语言和经验的表达方式进行反思，对表意实践的过程本身进行反思。

　　在霍加特的文本中，"参与式观察者"角度表现为

---

① Graeme Turner, *British Cultural Studies: An Introduction*, Third Edition (London: Routledge, 2005), p. 146.

半间接和距离化的叙述手法。"半间接叙述风格"（semi-indirect style）又叫"自由间接叙述风格"，在文学作品中被广泛使用。歌德和简·奥斯汀首次始终如一地使用了这种风格，而福楼拜第一个有意识地将它看作一种风格。这种风格以第三人称叙事，同时具有第一人称直接引语的特点。与正常的直接引语相比，半间接叙述手法省略了"他说""他认为"等介绍性短语。且看《识字的用途》中的例子：

> 整个社区可能都知道，某个工人阶级妇女在某个地方替别人照顾孩子，整天洗洗涮涮，但是如果晚上末了她被一个男人送回家，她很可能要求把自己放在几个街区之外。如果邻居看见她和一个男人一起回家，他们会说什么呢？①

在这段引言的最末，霍加特省略了"她想……"这样带领读者直接进入了人物的心理，而他本人似乎表现出福楼拜式的客观和无动于衷，他仿佛只是"让研究对

---

① Richard Hoggart, *The Uses of Literacy* (London: Chatto & Windus, 1957), p. 72.

象自己说话"（let the object speak for itself）。①

然而，另一方面，这种风格以第三人称表达了个人情感和经验，或者如帕斯隆所认为的，清楚地暗示了叙述者对所描述事件的参与。这就意味着，霍加特既不是"天真"的"知情人"，也并非完全置身事外。凭借这种方式，霍加特还达到了这样一种效果：叙述者的生活本身或许微不足道，却从某种程度上表现了社会和文化的变化。换言之，个人经验与社会的整体化交织在一起，叙述者身上所发生的事情具有了更广泛的相关性和意义。由此，霍加特出色地解决了工人阶级自传者面临的问题。最后，读者会产生这样的感觉：仿佛叙述者并非在对他们说话，而是在喃喃自语——读者反倒变成了屋檐下的偷听者。不妨来看《识字的用途》第五章的奖学金男孩一节：

> 他回不去了；他的一部分自己不想回到那狭隘的寻常状态，而另一部分自己又渴望失去的故乡身份，"他希冀某个无名的、之前从未待过的伊甸园"。这种怀旧情绪因为他真正地

----

① Jean-Claude Passeron, "Introduction to the French Edition of Uses of Literacy," in *CCCS Selected Working Papers* (London: Routledge, 2007), p. 28.

"追求那个逃匿的自己却又害怕找到它"而愈加强烈，无可名状。①

再如：

> 但他并非一个"富有创造性的天才"。他足够聪明使自己在智力上脱离他的阶级，但却没有准备好克服接踵而至的困难，无论是智力上还是情感上。②

类似的"喃喃自语"俯拾皆是。句子以第三人称写成，但读者仿佛"无意"中听到霍加特言说自己的经验和感受：他作为奖学金男孩既不属于自己出身的工人阶级，也不属于教育帮他实现身份跃升的阶级，甚至不属于"知识分子"这个群体；他是无根的焦虑一族。霍加特曾说，也许他多愁善感，倾向于将自己的背景浪漫化，但读者处于更有利的位置，就像康拉德《黑暗之心》中的听众：当然，在这里你们这些家伙看到的比我能看到

---

① Richard Hoggart, *The Uses of Literacy* (London: Chatto & Windus, 1957), p. 246.
② Ibid. , p. 248.

的更多——你们看见了我。① 的确，读者看见了霍加特，或者说，他将自己展现给读者看。从这一意义上讲，霍加特既是叙述的主体（subject），也是叙述的对象（object）。

"半间接叙述风格"与霍加特本人十分推崇的"距离化"手法如出一辙。在《乔治·奥威尔和传记的艺术》一文中，他对伯纳德·克里克所著的奥威尔的传记给予了高度评价，认为克里克的成功源于他拒绝了英国传记体"向内和解释"（inward and interpretative）的传统，转而追求某种"外在性"（externality）② 方法。这种方法的特点是，作者与研究对象总是保持适中的距离：他既不是奥威尔的疯狂粉丝，也不是居住在奥林匹亚高高在上的神；他既不会消失在对象中，将其浪漫化、神秘化，又不至于对其漠不关心；他不为读者提供任何阐释的框架，也不会成为作品与读者之间的绊脚石。这些叙述手法体现了霍加特"拉开距离，保持参与"的思维习惯。虽然霍加特没有像一般人类学家一样借助概念从整体上把握研究对象，但这种习惯使得他不至于迷失在

① Richard Hoggart, *The Uses of Literacy* (London: Chatto & Windus, 1957), p. 19.

② Richard Hoggart, "George Orwell and the Art of Biography," in *An English Temper* (London: Chatto & Windus, 1982), p. 112.

经验与研究对象中。帕斯隆认为，工人阶级的背景使霍加特占据了"当地人的视角"，这个位置有利于他"抓住有教养阶级对工人阶级所作判断——他们视这些判断为'自然真理'——背后的阶级偏见"。①但没有哪个阶级的经验可以自动产生一种"科学的态度"，只有在经过一番努力后，霍加特才形成了这种思维习惯，而这种习惯"在需要揭穿资产阶级或小资产阶级的民族中心主义时尤其有效"。②

霍加特践行了社会学的整体方法（holistic approach），他对工人阶级生活的描述"重组了重要的自成一体的事物"。③ 这种方法强调将工人阶级的生活经验看作一个整体，认为语言、娱乐、消费等日常实践应放在"文化"这一错综复杂的网中理解。列维·斯特劳斯认为，社会是一个系统，可以发现它各个部分之间彼此联系、对等及相互依赖的关系。霍加特也有类似的表达："我倾向于这样看：关于流行文化的书往往失去了部分效力，因为它们……没有充分地将对'人们'生活某些方面的考

---

① Jean-Claude Passeron, "Introduction to the French Edition of Uses of Literacy," in *CCCS Selected Working Papers*, Vol. 2 (London: Routledge, 2007), p. 30.

② Ibid.

③ Ibid. , p. 28.

察和他们更广阔的生活联系起来，和他们对待娱乐的态度联系起来。"① 他在其代表作《识字的用途》末尾写道，他的意图是，"描述普通工人阶级的生活质量，以便将对出版物的细致分析放置到坚实的大地、岩石和水这一风景中"。②

以工人阶级父母的育儿方式为例。根据霍加特的记录，他们从不或者很少要求自己的孩子——即使他们已成年——在闲暇时间打工以补充家用；他们会买异常昂贵的自行车或手推车作为圣诞礼物；母亲对女儿极其溺爱，却从不要求回报，这种方式在中产阶级或资产阶级知识分子看来是不合逻辑、不达标准。因为没有从小培养孩子的独立性，买昂贵礼物的钱本应用在教育上，鼓励了女儿的虚荣心及自私的性格。霍加特承认这种方式确实不符合"受过良好教育"阶级的育儿标准，然而在文章的结尾他揭示了这种行为背后的原因："未来的生活还很长，而你改变不了什么。你得让他们还能玩的时候痛快玩。毕竟，你只年轻一次。"③ 而对于女儿甚少回报父母的自私行为，霍加特做了最为真实、深沉的辩护：

---

① Richard Hoggart, *The Uses of Literacy* (London: Chatto & Windus, 1957), p. Ⅱ.

② Ibid. , p. 165.

③ Ibid. , p. 47.

"如果这是盲目的自私，它是父母宽恕并鼓励的自私。"①换言之，工人阶级父母的育儿方式是其具体的、苛刻的物质和其他生活条件的结果，是基于工人阶级不能改变自己命运这样的认识而作出的选择。就这样，通过强调客观条件（经济的、物质的）与文化形式的统一性及同构性，霍加特将工人阶级生活文化再现为一种真实的生活方式，赋予了其合法性。

既然工人阶级的文化形式是客观条件造就的结果，那么中产阶级及小资产阶级知识分子基于自己不同的生存环境对工人阶级进行批判就丧失了中立性，沦为一种意识形态。当经济学家、规划师使用看似中立的语言时，他们实则暗藏在专家们的意识形态屏风之后，大放厥词。反观霍加特，"前科学时代的民族志者局限于叙述'原始人'的野蛮，以自己的方式宣扬种族主义，而霍加特通过拉开距离、保持参与的分析风格与这种做法分道扬镳，因此他得以避开某些过于'明显'的解释，这些解释往往只是将被保护得很好、不那么露骨的阶级偏见罢了"。②

---

① Richard Hoggart, *The Uses of Literacy* (London: Chatto & Windus, 1957), p. 47.

② Jean-Claude Passeron, "Introduction to the French Edition of Uses of Literacy," in *CCCS Selected Working Papers*, Vol. 2 (London: Routledge, 2007), p. 30.

霍加特"科学的态度"还表现在其语气上。仔细体会上文例子（工人阶级父母的育儿方式）中霍加特为工人阶级辩护的语气，不难发现，他没有被误解时的愤愤不平，没有反唇相讥的得意，更没有实现语言复仇的动机和快感，而是言简意赅、不动感情、克制有节。巧合的是，这些恰是克里克的特点！如果说克里克关于奥威尔的传记是成功的，那么霍加特的自传可谓"青出于蓝而胜于蓝"了。

三、客观性与主观性

如上论述，帕斯隆认为，霍加特独特的思维习惯使他能够克服阶级经验可能导致的偏见，达到某种"科学的态度"。然而，绝对的客观性是永远无法达到的。即使霍加特工人阶级学术男孩的特殊经历使他能够在"他们"和"我们"的世界穿梭，使他能同情地理解两种来自不同世界的不同文化，完全的中立客观性充其量也只是痴人说梦罢了。因为如果说中产阶级及小资产阶级的文化沦为某种意识形态，那么，如何保证工人阶级文化——如果有这么一种文化的话——免于同样的堕落？抑或文化就是意识形态，根本不存在没有被意识形态化的文化？

霍加特本人亦充分意识到了人文学科中绝对“客观性”的不切实际，他在《文学想象力和社会学想象力》一文中说道：

> 我们当中——无论是文学批评家还是社会科学家——没有人可以声称我们展示了“真理”。我们至多可以说，我们从这个或那个角度展现了社会的“某些真实的东西”……文学或社会科学中的所有发现都必须以一系列协商好的假设为基础，以赞同（assent）而非证据为基础，以共同的思维框架为基础，我们在这个框架内追寻世界的意义。我们称为证据或“真理”的东西暗示了我们的希望，即我们已经将所有可能得以识别的主观性置之一边；要走得更远，就必须依靠自己的智力努力（to go further would be lift ourselves up by our own mental boot-traps）。① （此处，霍加特化用了英文习语 Pull oneself up by one's boot-traps，这个短语的意

---

① Richard Hoggart, "The Literary Imagination and the Sociological Imagination," in *Speaking to Each Other: Volume 2: About Society*, p. 255.

思是"依靠自身力量摆脱困境"。)

"客观性"是社会科学的"不可再现"之物，但"我们必须表现得'好像'能够直达'客观真理'，以此才能够触摸到思维的基床"。反过来，主观性不可避免，但"在对社会任何方面的'某些真实的东西'的寻求中，有很多层面的错误和误导性的主观性可以而且必须被克服"。而半间接和距离化的叙述方式帮助霍加特尽可能地克服了主观性，臻至"客观性"；他的"文学性学术写作"证明了真即是美，美即是真。

第三节　电唱机男孩：从阶级抵抗到风格抵抗

如果你厌倦了风格，你亦厌倦了生活。

——塞缪尔·约翰逊博士

在上一节中，我们谈到了霍加特的民族志方法及工人阶级自下而上的"抵抗"。的确，"抵抗"是英国文化研究区别于法兰克福学派和利维斯传统的重要标示符之一。然而在写到以电唱机男孩为代表的青少年亚文化时，霍加特大加赞赏的"抵抗"消失了。这并不意味着霍加特将工人阶级文化和青少年亚文化对立了起来（如某些国内学者如周丹所认为的），恰恰相反，青少年亚文化，如亚文化（subculture）之"亚"（sub-前缀在英文中意指"从属"）所表明的，是工人阶级文化的附属部分。霍加特在英国文化研究历史上最早将阶级引入了青少年亚文化的研究模式，批判了大众传媒鼓吹的"无阶级青年""神话"。此外，他过于强调青少年亚文化与工人阶级母体文化的联系，忽略了青少年亚文化对母体文化及整个社会结构的反抗。

作为青少年亚文化主体的青少年是但不只是工人阶级——阶级并非决定他们身份的唯一社会类属。如有关数据表明的，青少年更是英国历史上首支重要的消费力量。从经济学角度重新定义"青少年"为我们重新理解抵抗奠定了基础。结合福柯的权力观，我们区别了英国文化研究历史上抵抗的两种形态，并且提出，霍加特对青少年的狭隘定义导致他只看到了以阶级为基础，局限于工人阶级和非工人阶级之间的"抵抗"，而忽视了青少年亚文化借助风格得以实现的抵抗政治。与前一种抵抗外在于主导文化不同，日常生活的抵抗实践已然处在权力空间内了，这一空间之外不存在任何抨击权力的阿基米德支点。它存在于消费者的生活方式内部，通过挪用商品和商品符号"再意指"产生新的意义而完成。青少年风格抵抗的崛起标志着阶级理论类属优先地位的丧失，取而代之的是对性别和种族的关注。正如安吉拉·麦克罗比的解释："从某种真实的意义上来说，阶级是头脑中的一个概念，它适用于理论的层面，然而以一种更贴近的方式发生在我们身边的政治是戏剧化的种族政治、青年政治以及性别政治。"①

一、"抵抗"的消失

在谈论《识字的用途》中"抵抗"的消失之前，不妨先来看看青少年亚文化从霍尔文本中的隐去。当霍尔在《理查德·霍加特、〈识字的用途〉和文化转向》一文中以存在主义的口吻高呼"谱系并非命运"，将《识字的用途》看作与马尔赫恩的"文化批判"元文化话语相"决裂"的文本时，他可谓别具慧眼，清楚地看到了早期英国文化研究挣脱法兰克福学派和利维斯文化研究模式影响时所遭遇的阻力以及克服阻力的勇气和决心。

---

① Angela McRobbie, *Feminism and Youth Culture*, Second Edition (New York: Routledge, 2000) , p. 3.

然而，他并不能从此高枕无忧。我们不无惊讶地发现，在论述霍加特与《细察》传统的分歧，尤其是霍加特对"文化"的人类学定义及其"社会阐释学"的"方法论创新"时，霍尔对后来成为文化研究重要组成部分的青少年亚文化除了在文末论及文化的商业化时蜻蜓点水般一带而过之外，几乎只字未提。而霍加特本人在《识字的用途》中专用一节探讨了电唱机男孩，后来的学者（包括霍尔在内）甚至以此将霍加特看作青少年亚文化研究的起点。于是，问题便出现了：霍尔为何省略了这么重要的内容？

固然，囿于篇幅限制，霍尔对青少年亚文化如此"大而化小"的处理无可厚非，然而，他这样做的原因更可能在于：霍加特所看重的工人阶级对流行文化的抵抗在其论及电唱机男孩时消失殆尽，而"抵抗"恰是文化研究区别于法兰克福学派"文化笨蛋"的重要标示符之一。因此，霍尔在论述文化研究与法兰克福文化批判传统的"决裂"时对青少年亚文化避而不谈便是情理之中，亦不失为明智之举。

事实上，《识字的用途》第七章开头的《电唱机男孩》一节充斥着霍加特对电唱机男孩的道德谴责和对大众文化的美国性质的敌意——他将美国文化与工人阶级青年文化混为一谈。工人阶级对权威的抵抗力量，对大众文化产业转瞬即逝的表演及其幻觉效应的抵抗力量无迹可寻了。从这个意义上讲，霍加特俨然变形为50年代的阿多诺。他对大众文化产业的批判以描述这些男孩"混迹"的奶吧开始：

> 正如我在上一章所描述的咖啡馆一样，奶吧装饰用的现代的小玩意儿上布满污渍，俗气的华丽和美学之彻底崩溃于其中表现得淋漓尽致。相比之下，某些顾客自家房子的布局仿佛诉说了一种传统，其平衡和优雅一如18世纪城市里的房子……我所考虑的奶吧几乎在任何一个人口超过15 000的小镇上都有一家，它们已成为一些年轻人夜晚定期出入的会合点。[1]

这些年轻人大都处在15—20岁，他们夜复一夜地出入奶吧，将一枚接一枚的钱币投入电唱机中。对于播放的流行歌曲（这些音乐后来成为经典）的具体名称，霍加特虽未交代，态度却十分冷淡：

---

[1] Richard Hoggart, *The Uses of Literacy* (London: Chatto & Windus, 1957), p. 203.

有一些调子挺吸引人（catchy）；为了更适合演出，所有的都被篡改了，结果它们的节奏都是当下流行的……表演精确无误，显示了演出者的驾驭能力。旧时电唱机的声音会响彻整个大舞厅，不像现在的点唱机只填满主街上某个改建的商店。①

年轻人个个沉醉其中，他们"扭动着肩膀，眼睛凝视着穿过管状的椅子，像亨弗莱·鲍嘉②一般绝望"。③在本节末尾，霍加特对这群人进行了严苛的批评："他们是某些当代力量势必创造的产物：一个机器思维阶级毫无方向、被驯服的奴隶（the directionless and tamed helots of a machine-minding class）……耽于享乐、消极被动的野蛮人花费三便士乘坐五十匹马力的公车去看耗资五百万美元拍摄的电影，这样的野蛮人不单是社会怪物，还

---

① Richard Hoggart, *The Uses of Literacy* (London: Chatto & Windus, 1957), p. 204.

② 亨弗莱·鲍嘉（Humphrey Bogart，1899 年 12 月 25 日至 1957 年 1 月 14 日），出生于美国纽约，美国男演员。

③ Richard Hoggart, *The Uses of Literacy* (London: Chatto & Windus, 1957), p. 204.

是某种社会征兆。"①

　　在霍加特探讨大众文化的美国本质时，阿多诺的影子清晰可辨。首先，从措辞上看，"一个机器思维阶级毫无方向、被驯服的奴隶""耽于享乐、消极被动的野蛮人"与本雅明、阿多诺笔下注意力涣散、心不在焉的大众、"文化笨蛋"别无二致。其次，在行文论述的逻辑层面，二者都遵循了原因—结果的线性逻辑，即音乐的特质导致消费者特定的思想状态和心情。与古典乐相比，流行音乐并非一个有机整体，其细节与整体的关系是偶然的，整体只是疏离的外在框架；同时，细节被自身无法影响的整体肢解，因而残缺不全，无关紧要。因此，细节之间可以轻易地相互替换，进一步导致的结果是，流行音乐本质上是标准化的，这样的内在特质操纵了听觉习惯，如阿多诺所认为的，结构的标准化导致标准反应。听流行音乐不仅仅被其推动者操纵，一定程度上还被音乐的内在本质自身操纵，进入与自由、开明民主社会的个性理想完全敌对的反应机制。②流行音乐吸引

---

　　①　Richard Hoggart, *The Uses of Literacy* (London: Chatto & Windus, 1957) , p. 205.

　　②　John Storey, *Cultural Theory and Poplar Culture: A Reader* (NSW: Pearson Education Australia, 2006) , pp. 205－206.

消极被动的头脑，并不断加强听众的心不在焉，同时转移了他们对现实的关注。类似地，霍加特的电唱机男孩与大众传媒之间没有互动；信息从媒介上端传来，处在媒介"下游"的男孩们沦为被动的接受者。"他们形成了一个令人沮丧的群体，绝非典型的工人阶级。他们也许还不如一般人聪明，因此比其他人更容易受到当下大众趋势的危害"。① 他们很大程度上生活在一个神话世界里，一个由他们认为的一些简单的美国生活元素组成的世界。

这些男孩并没有创造自己的文化，只是在破译使他们大脑钝化的美国流行音乐密码，霍加特因此对他们毫不客气地大加批判。然而他更深的关切在于大众产业对年轻人的"去政治化"。他们沉迷于"靡靡之音"，意志消沉，在虚假的霓虹灯世界醉生梦死。

从赞扬工人阶级的抵抗力量到对这些流行音乐的受害者的批判，霍加特的文笔急转直下。如格雷姆·特纳所认为的，这反映了他"在理论和社会忠诚方面的模糊性"。② 然而，导致这番形势变化的原因何在？首先，我

---

① Richard Hoggart, *The Uses of Literacy: Aspects of Working Class Life* (London: Chatto & Windus, 1957), p. 204.

② Graeme Turner, *British Cultural Studies: An Introduction*, Third Edition (London: Routledge, 2005), p. 71.

们认为，这种变化与霍加特写作视角的转变相关。按照安德鲁·古德温的观点，当写到电唱机男孩时，霍加特的工人阶级内部视角很快离他而去。由于缺乏共鸣，他听起来更像是为所谓的"优质"报纸写作的怒气冲冲的社论作者，而不是和工人阶级文化保持联系的人。民族志本应抓住并去除这些几乎不加掩饰的偏见，最终提供给我们关于青年文化、风格和积极受众的丰富著作，颠覆大众文化只能使行动之源枯竭的说法。[①] 霍加特的青年时期恰逢 20 世纪二三十年代，经济大萧条、第二次世界大战、纳粹和集中营的威胁是他那一代人的现实，也是他们关于青春的共同记忆和体验。这样的霍加特很难与四五十年代的年轻人产生共鸣——后者成长于经济空前繁盛、已基本建立了"从婴儿到坟墓"福利体系的消费时代。事实上，大卫·福勒曾指出，50 年代中期写下《识字的用途》的霍加特对电唱机男孩的观察仅限于几次偶遇。当时的他正在赶往成人校外班的途中，可能由于处于工作模式而情绪低落。他没有和那些男孩交谈，只是远远地隔着橱窗观望。如上一节所论述的，霍加特

---

① Andrew Goodwin, "The Uses and Abuses of In-discipline," in *Richard Hoggart, The Uses of Literacy*, reprint (New Brunswick: Transaction Publishers, 1998), p. 24.

的内部视角帮助他摆脱了中产阶级和小资产阶级知识分子对工人阶级文化的偏见，而当共鸣丧失时，偏见便产生了。

"抵抗"消失的另一个原因是——按照霍加特本人的观点——两年的国民服役迫使这些男孩与家庭相隔绝，其稳定效应亦失去了效力，因此他们更容易受犯罪小说等流行读物的侵蚀。换言之，倘若有父辈文化"保驾护航"，这些男孩"误入歧途"的可能性将大大减小。霍加特庆幸，好在国民服役只持续两年，一旦这些孩子服役回来回归家庭和社区，一切都将重回正轨。

二、青年亚文化：无阶级?

在霍加特看来，青年亚文化是应与他们的父辈和社区保持紧密联系的非完全自主的青年文化。在评论雷·格斯林的《我们是兰贝斯男孩》时，霍加特因作者提到了家庭而对他赞赏有加："妈妈和爸爸从未远离，奶奶总在那里，一排房屋中的一间里。"① 在被质问他对电唱机男孩的批评时，霍加特这样捍卫自己，"更重要的是：

---

① R. Gosling, *Sum Total* (London: Faber, 1962), p. 25.

有一种趋势避免批评工人阶级文化的任何方面，这是极左派政治正确的单方面看法，而我坚持我所写的"。不难看出，在霍加特看来，青年亚文化为工人阶级文化的一部分，这也正是"亚文化"（subculture）中"亚"（sub）的本质含义。

霍加特将青年亚文化视为工人阶级母体文化的子文化，将阶级引入了对青年亚文化的研究，批判了大众媒介编织的"无阶级"青年和"福利社会""神话"。在当时的英国社会，部分鼓吹经济发展的人认为，随着生产的恢复和经济的发展，英国已经进入了没有阶级差别的福利社会，年龄的差别取代了阶级和其他标准，"青年"已成为一种新的社会类属，青年亚文化鲜明的形象便是这种理论的最好例证。

而霍加特认为，"无阶级"青年口号的实质是大众文化为了保证市场不被分割，争取最大数量的消费者，追求利益最大化所采取的伎俩。他一针见血地揭示道："'青年'必须被视作大众并加以接近。他们除了同属一个特定年龄段外，是没有差别的。大众社会的'青年'说服者们迫切需要青年受众，不仅为了眼前明摆着的利润，还为了'培养'未来的受训者——客户。"① 套用威廉斯的名言——没有大众，只有将人们视作大众的方法。"青年"只是大众传媒为谋取眼前利益和"培养"未来乖顺的消费者而编织的"神话"。

然而，将青年亚文化看作工人阶级文化的附属，导致霍加特忽视了青年亚文化通过年龄和群体经验将自身与母体文化区分开来的独特形式和结构，忽视了青年亚文化对母体文化的反抗。战后的英国社会经历了翻天覆地的变化，父母忙于适应新的生活节奏，而年轻一代本身恰是这些变化的产物。因此，这时期的代沟比以往任何时候更加巨大。正如文化人类学家玛格丽特·米德在她的名作《代沟》一书中论述的那样："整个世界处于一个前所未有的局面之中，青少年和所有比他们年长的人——隔着一条深沟在互相观望。"② 代际意识的增强导致了这两种文化形式之间重要的差异。即使工人阶级青年和他们的父母面临着一些共同的生活经验，这些经验在这两个群体中也将以不同的形式得以解释、表达和处

---

① Richard Hoggart, *Mass Media in a Mass Society* (London: Continuum, 2004) , p. 102.

② Margaret Mead, *Culture and Commitment: A Study of Generation Gap* (New York: National History Press, 1970) , p. 5.

理。① 仍以流行音乐为例。霍加特批判电唱机男孩沉迷于美国文化，然而，如某些批评家所认为的，他从未探讨这些问题：为什么他们对美国文化如此着迷？是什么吸引了他们？如果说美国文化带给他们一个虚幻的世界，这个世界又是什么样子的？必须注意，20世纪50年代末期，让摇滚乐唱片畅销的录影带尚未问世，听觉而非视觉仍然主导着人们的音乐体验形式，为他们预留了充分的想象空间。美国作为自由、富足、现代、进步和时尚的象征，对战后的英国工人阶级有着巨大的吸引力。因此，好莱坞电影、摇滚、电视剧等利用"美国"来意指这些东西既是意识形态的，也是真实的。遗憾的是，把电唱机男孩贬为"文化笨蛋"的霍加特忽略了这一点。

　　与霍加特相比，霍尔对流行音乐的评价更为客观、积极。他认为，因为流行音乐与青年的联系对它嗤之以鼻是成年人的偏见，部分源于成年人自己无法建立与流行音乐相关的参考点。另外，流行音乐极易成为某些成年人击中的靶子，他们借此发泄对年青一代的嫉妒情绪。从这个角度看，"当代音乐设计得不能再好了：它们本

<hr>

① Dick Hebdige, *Subculture: The Meaning of Style* (London: Methuen, 1979), p. 78.

质上都吵闹、刺耳，音量总是开到最大，是对高雅品位的公然冒犯。它们的主题——青春、爱情和性——一成不变，赤裸裸地刺激人们的感官。而流行歌手本人即体现了这些主题，他们台上台下的行为挑战了英式的谦逊和保守。最糟糕的是，音乐本身是对青年叛逆和独立精神的肯定，因此象征了对长辈的权威和品位的某种亵渎"。①

在探讨电唱机男孩时，霍加特反对将青年视为一个无差别的消费群体，反对将年龄作为唯一的社会形式的指示，批判了大众媒介鼓吹的"无阶级""福利社会""神话"。他视青年亚文化为工人阶级母文化的子文化，将阶级引入战后英国社会对青年亚文化的讨论，从而开启了伯明翰学派对青年亚文化的"结构解释"②。然而，霍加特并未摆脱道德卫士的口吻，他对电唱机男孩的道

---

① Stuart Hall and Paddy Whannel, *The Popular Arts* (Boston: Beacon Press, 1967) , p. 74.

② "结构解释"的特点是反对只注重"世代"和年龄，转而研究青少年与其社会阶级、地位的关联，并考察他们是否受阶级因素、结构因素的影响。这种模式将青年亚文化的形成建立于社会阶级地位的结构框架上，强调同一结构中的青年文化的一致性，特别是阶级结构的本身之矛盾。参见胡疆锋《从"世代模式"到"结构模式"》，《中国青年研究》2008 年第 2 期，第 67—71 页。

德批判与英国广播公司等主流媒体契合,① 也与《识字的用途》的基本主题——生产的发展伴随着道德的败坏和文化的堕落——相一致。此外，他过于强调青年亚文化和工人阶级母体文化的联系，忽视了青年亚文化自身的独特形式和对母体文化的反抗。与伯明翰学派后来在《仪式抵抗》中确立的"结构、文化、自传"的分析框架相比，霍加特对青年亚文化的研究模式单薄且一维化。这是因为，对霍加特而言，种族、性别和民族都无法与阶级相提并论。这一点从他对爱尔兰人的态度中可见一斑。霍加特强烈地意识到，利兹的家庭保存着对乡村过往的美好记忆，但这过往绝非来自他处，尽管爱尔兰移民早在 19 世纪 40 年代为了逃避饥荒已经在利兹落地生根，芬尼人在 60 年代已相当活跃。综观《识字的用途》全书，霍加特只有一次提到了爱尔兰人。很明显，爱尔兰人不是"我们"，只是看不见的另一个"他们"。霍加

---

① 战争结束后，英国广播公司（BBC）仍然觉得有责任维护战时和战前的"体面"观念，或者至少不传播"不体面"。此外，英国广播公司认为，有责任和义务告诉并教育公众什么是"好音乐"。霍加特在批判这些年轻人的"道德行骗"（moral spivvery）时，英国广播公司道德监护人的口吻一览无遗。他奉英国广播公司为圭臬，对大众文化的美国或本质充满了敌意："几乎所有的唱片都来自美国，都是'声乐作品'（vocals），唱片的演唱风格比通常在英国广播公司轻松节目中听到的'先进'得多。"详见《识字的用途》第 68 页。此处的"先进"是相对于工人阶级的传统唱法而言，对于保守的霍加特而言是贬义。

特太热衷于建立共同文化和共同社会，因此忽略了阶级差异以外的其他差异，而对这些差异的探讨要待文化研究遭遇结构主义和后结构主义之时了。

三、亚文化：风格的抵抗

在梳理了霍加特关于青年亚文化的观点后，我们不妨再回头探究他所谓的"抵抗"之本质。霍加特所理解的"抵抗"意指工人阶级遭遇大众文化侵袭时所表现的适应力和对大众文化的改编及"为我所用"，而如上节所论述的，青年亚文化对母体文化的反抗完全被忽视了。这表明，霍加特意义上的抵抗是以阶级为基础的抵抗。具体而言，在《识字的用途》中，抵抗则主要局限在工人阶级（"我们"）和非工人阶级（"他们"）之间。我们看到，在该书中，整个世界被阶级一分为二：

> "他们"是"上流社会人物"，是"达官显贵"。他们给你一点施舍，动员你去服役，让你去打仗，调教你，"说起话来像上层社会那样咬文嚼字"。事实上，他们"全是骗子"……他们视你为粪肥。而"我们"是工人阶级，

"我们"团结友爱、互相帮助;"我们"同舟共济……①

　　以阶级为基础的抵抗是文化研究历史上抵抗的早期形态,它与福柯权力观密切相关。该权力观认为,权力是个体或社会群体在忽视抑或违背他人意愿的情况下实现自己的目标或利益的力量。权力是某种拥有物,你或者拥有它或者没有,它是一个零和模型。权力是约束性的、支配性的,总有一个控制对象。在这种权力观下,当主导文化试图将自身从外部强加给从属文化时,抵抗便产生了。因此,抵抗通常外在于主导文化。文化研究学者在探讨阶级冲突、意识形态斗争或反霸权集团时通常采用这个意义上的抵抗。20世纪80年代以降,随着学界对福柯权力观的挪用,抵抗呈现了微观化、温和化和日常生活化等特点。这是因为权力亦是生产性的。权力并非局限于二元权力集团,而流通于社会的所有层面,内在于所有社会关系。因此,日常生活的抵抗实践已然处在权力空间内了,这一空间之外不存在能够撬动权力、抨击权力的阿基米德支点。这种权力观视野下的抵抗发

---

　　① Richard Hoggart, *The Uses of Literacy* (London: Chatto & Windus, 1957) , p. 62.

生在消费者的生活方式内部，通过使用商品和媒介改变之。纵观文化研究的历史，前一种权力观长时间占据学术界的主流位置，导致对微观层面的抵抗认识不足。对此，费斯克曾提醒我们："太久以来，我们过于简单地将权力等同于社会决定，而忘记了探索难以捉摸、自下而上的抵抗性权力是如何运作的。"[1]

霍加特在强调上述第一种意义上的抵抗之时忽略了青少年消费者通过挪用商品而实现的抵抗。其中最根本的原因在于，他对"青年是谁?"这个问题认识不清。固然，他们是"我们"中的一员，然而，仅仅如此吗? 如上文所论述的，阶级并非决定青年身份的唯一社会类属，年龄、性别、种族等因素同样不可忽视。但是，要在一个定义中囊括所有这些元素显然是不切实际的，因为定义即是划界和限制，而且，定义归根结底只是同义重复。因此，不妨采取明智的实用战术：选择最切合论证目的的定义。彼得·劳里在《青少年革命》一书中很好地体现了这种实用主义，他写道：

　　所有的定义最终都是同义重复；也许直截

---

① Graeme Turner, *British Cultural Studies: An Introduction*, Third Edition (London: Routledge, 2005), p. 249.

　　了当，认为青年是无论年龄，以青年方式行动
的人是最恰当的。有关青年行为的明显事实是
其经济行为：他们在衣服、唱片、演唱会、化
妆品、杂志等所有能带来直接愉悦、几乎不能
持久使用的东西上花费大量金钱。①

　　青年是消费者！劳里的定义体现了彻头彻尾的经济
学思维：你就是你所做的。与阶级、年龄等因素相比，
行为更加直观明了，实际可靠。尽管青年早在 17 世纪就
已经作为独立的亚文化群体出现，但直到 20 世纪 50 年
代他们才成为一支独立的经济力量。当时，由于生产过
程的变化和劳动力市场的转移，市场对青年劳力的需求
大大增加，青年的赚钱能力随之提升。根据马克·艾布
勒姆斯的数据，自 1945 年起，青年的工资涨幅高达
50%，大概是成年人的 2 倍。② 史无前例的高收入导致了
青年消费能力的增强。1959 年，介于 15—25 岁的 500 万
单身青年每年的花费高达 83 亿英镑，其中绝大部分用于
购买服装、化妆品、软饮料以及光顾电影院，且工人阶

---

① Peter Laurie, *The Teenage Revolution* (London: Anthony Blond, 1965), p. 9.
② Mark Abrams, *The Teenage Consumer* (London: London Press Exchange, 1959), p. 18.

级青年构成了主要的消费群体。① 换言之，这是在一个
与众不同的青年世界，青年为了与众不同而进行与众不
同的消费。② 即使电唱机男孩确如霍加特所描述的"体
型笨拙、面貌丑陋、了无生气、麻木不仁"，即使他们的
阶级地位并没有质的改变，仅从工资和购买力的意义上
讲，他们也绝非霍加特所谓的"勃特勒笔下19世纪中叶
耕地男孩的现代对应者"。③

"青年"不单单是个描述性的术语，还包括了消费、
休闲的生活方式、享乐和愉悦等可能含义。正是消费孕
育了青年的创造性活动和抵抗行为。如威利斯所认为的，
在资本主义（的工作世界）里人们设法逃离，但资本主
义（的消费）同时提供了逃离的路径和媒介。青年的消
费实践是对被动、顺从的消费文化的抵抗。④

在英国，"第一批走向青年乐土"、通过消费践行抵
抗的青少年是特迪男孩。他们"爱德华时代"的穿衣风

---

① Mark Abrams, *The Teenage Consumer* (London: London Press Exchange, 1959), p. 18.

② Ibid. , p. 19.

③ 霍加特将电唱机男孩比作"勃特勒笔下19世纪中叶耕地男孩的现代对应者"，他写道："那排冷漠、迟钝、空虚的耕地男孩。他们体型笨拙、面貌丑陋、了无生气、麻木不仁，正如卡莱尔描写的前革命时代的法国农民，一想到就令人不悦。"参见《识字的用途》，第204页。

④ Paul Willis, *Profane Culture* (London: Routledge, 1978), p. 105.

格——褶皱夹克、紧身裤、窄领带和爬行鞋——创造了完全起源于工人阶级、以象征而非功能为目的的工人阶级时尚。在特迪男孩出现之前，工人阶级男性在穿衣方面的可选择范围十分有限，不外乎工作日的工作服和周末的盛装，休闲装尚且闻所未闻。而特迪男孩打破了男性服装功能性和表演性的界限。夸张的服饰配以卷卷的发型，再加上霍加特笔下"美国式无精打采的站姿"，使他们成为公众的"眼中钉"。然而，值得注意的是，特迪男孩刚出现时，配给（包括衣服和其他相关材料的配给）仍是日常生活的现实。因此，他们不惜花费重金购买奇装异服，恰恰是为了发表某种对抗宣言，如迪克·海狄奇所认为的：

> 特迪男孩奢侈的着装风格远非对易得之财漫不经心的挥霍，它要求精细的财务规划，是自己有意为之——可以说是对某种生活的反抗，这种生活在其他任何方面十之八九都毫无生趣，几无所获。[1]

---

[1] Dick Hebdige, *Hide in the Light: On Images and Things* (London: Routledge, 1988), p. 70.

特迪男孩高傲、怪异的服装公然违抗了历经了战争的那代人"凑合着用"、"勉强过活"、为了公众利益齐心协力的道德准则。而且，他们将上层社会的元素融入了自己的风格中。约翰·克拉克借用列维·斯特劳斯的"拼贴"① 概念定义了这种亚文化风格：

> 亚文化风格的产生意味着从既有物品中有差别地选择。结果是，并非凭空创造出物品和意义，而是将现成（和借来）物品改造并重组为承载着全新意义的模式，将它们转换到新的语境中加以改变，以适应新环境。②

如果将商品类比为符号，那么这一符号在特定历史语境下实现了"再意指"。爱德华风格原本是战后萨维尔街③的裁缝们为了重温爱德华七世的黄金时代而制作的一系列装饰冗繁的华丽男装。这些英国上等阶级男性

---

① "拼贴"本义为"用手边现成的"，源于列维·斯特劳斯。
② John Clarke, "Style," in Stuart Hall & Tony Jefferson (eds.), *Resistance through Rituals* (London: Hutchinson, 1976), p. 178.
③ 萨维尔街（Savile Row），位于伦敦中心位置的上流住宅区里的购物街，以传统的男士定制服装而闻名。"全定制西装"（bespoke）一词就起源于萨维尔街，意思是为个别客户量身剪裁。短短的一条街被誉为"量身定制的黄金地段"，其中客户包括温斯顿·丘吉尔、尼尔森勋爵和拿破仑三世等。

服装传统、保守风格的主宰者试图通过领口和袖口的丝绒装饰和华丽的织锦背心来象征大英帝国往日的辉煌，以及对日益强大的美国文化霸权的遏制，重振当时在国际舞台上逐渐丧失政治、经济和文化话语权的英国雄风。然而，在工人阶级看来，这些上等阶级花花公子的丝绒衣领和华丽配饰强调而非消除了特权阶级和底层社会的区隔，嘲讽了建立一个更加平等的社会的承诺。从这个意义上讲，特迪男孩大胆挪用爱德华风格的外形，并辅之以美国的"动物风"和西部牛仔标新立异的领结，这无疑是对成年人尤其是高高在上的统治阶级的权威的挑战。

也许有学者认为，我们对特迪男孩的解释将"风格"政治化，或者将政治"风格化"了：他们的穿着打扮也许完全是无心为之，他们或许只是在单纯地享受消费的愉悦。然而，愉悦从不简单。在文化研究的早期阐述中，愉悦被视作意识形态的"糖衣"，但是必须承认，愉悦不可能位于霸权之外，而与维护霸权的方式牵涉颇深。如默瑟等人所说："我们必须与流行文化的'流通'链接，链接它的坚毅、可接受性和流行性，链接我们对流行文化形式的具体赞成方式。"① 愉悦，无论是被物理地还是被意识形态地生产，都是产生赞成的方式。在关注个体欲望的同时，我们不能忽视那些源于且创造了集体经验的愉悦：集体乌托邦、社会愿望的实现和社会追求。这正是特迪男孩所传达的信息。

小　结

本章重点论述理论与经验、抵抗与抵抗的消失等悖论。作为文化主义范式的代表，霍加特强调日常生活经验和工人阶级的主体性，一定程度上回应了后现代宏大理论叙事的消解；他的民族志方法开启了源于普通人日常生活实践的抵抗，体现了自下而上的权力流动。然而，在谈到以电唱机男孩为代表的工人阶级青少年时，霍加特抛弃了他"知情人的笔触"，他认为"抵抗"屈膝服从于享乐主义。这表现了他对"抵抗"的狭隘理解：局限于阶级之间的斗争。然而，文化研究作为一项已然体制化的事业，其诞生与阶级斗争并非同时发生，围绕性

---

① Tony Bennett, Colin Mercer and Janet Woollacott, *Popular Culture and Social Relations* (London: Open University Press, 1986), p. 50.

别、种族和年龄等展开的文化政治、身份政治是文化研究更为关注的问题。

在对电唱机男孩的处理中，霍加特将青年亚文化看作工人阶级文化的附属，导致他忽视了青年亚文化通过年龄和群体经验等将自身与母体文化区分开来的独特形式和结构，忽视了青年亚文化对母体文化的反抗。这一反抗具体表现为对消费品进行改造和重组，通过将它们放置在新的语境中实现"再意指"。"风格"是电唱机男孩锻造自我身份的"新语言"，是他们进行自我表达、实现并维持文化主张的身份政治。遗憾的是，霍加特并没有意识到这一点。

与霍尔等第二代新左派成员相比，霍加特对经验特权的强调导致理论发育不良，集中表现为拒绝接受分析的原则，对乔装打扮或不自觉的理论租借缺乏认识以及没有将具体研究的成果充分理论化，这是他的不足。然而，与其说霍加特是位反理论者或无关理论者，不如说他反对的是晦涩的理论语言，以及这种语言的反民主倾向。同罗兰·巴特一样，霍加特批判语言——意识形态问题，但他使用的是口语化的非专业化语言。他关注理论的沟通方式及与谁沟通，认为批评必须有助于"聪明的外行人"（霍加特的理想读者）参与民主讨论。他的

批评并非反对理论而是关于理论的探讨：理论不能僵化
为体制形式，而应表达更为广泛的社会关注和政治旨趣。
而霍加特的"文学性学术写作"对多重视角保持开放的
姿态，通过将各种迥然的分析形式（个人记忆、社会学
数据、名言等）并置，打破了既成的学科分界，证明了
智力活动、学术研究并非学者的职业活动，而是大众之
普遍关注。霍加特对文学的热爱和他的文学方法激活了
他的民主批评，使他能够"伸展开来，与他者对话"。①

---

① Richard Hoggart, *An Imagined Life: Life and Times* (London: Chatto & Windus, 1992) , p. 26.

第

四

章

差异与“共同文化”之间

第一节 共同文化的逻辑和虚妄性

在《日常语言和日常生活》(*Everyday Language and Everyday Life*)中，霍加特从语言的传播角度出发，论证了共同文化的存在。他写道："无论源自何处，大部分警句尽管分布得不均衡，却在全社会通用。作为英国人或不列颠人，或某种程度上也作为欧洲人，或仅仅是作为人，可以说，我们仍然拥有几分共同文化（something of a common culture）。"① 在《"墙外"探索》一节中，我们也提到，早在从军期间，霍加特就已在军队中建立了"共同文化""共同社会"的雏形——三大艺术俱乐部（The Three Arts Club）。在该俱乐部里，艺术打破了社会、军队的层级关系，所有参与者都能感受到人人平等的民主作风；在对研究大众文化的方法论的探讨中，他又提出"为语气而读"，即"阅读"其他阶级习以为常、秘而不宣、不可轻易靠近的东西，借此获得对其他阶级成员的马克思·韦伯式的"移情式理解"，实现社

① Richard Hoggart, *Everyday Language and Everyday Life* (New York: Transaction Publishers, 2003), p. 7.

会成员之间更加有效的交流和互动。可见，建立共同文化是霍加特的中心议题和最终落脚点。

"共同文化"是对"文化"进行人类学定义的逻辑必然。在"高雅"文化中，"文化"借助与"非文化"的对立定义自身，保存自我，而在文化的人类学定义中，文化被描述为"一切使生活值得一过的事物……它包括一个民族所有富有特点的活动和兴趣：德比赛马日、亨利划船赛、考斯、八月十二日、赛狗会、乒乓球台、飞镖板、温斯利代干酪、切碎的熟卷心菜、醋熘甜菜根、19世纪的哥特式教堂和埃尔加音乐"。① 既然"文化"是一个延展性的、几乎无所不包的术语，那么，要连贯地描述某一特定的生活文化，唯一的方法便是将该文化简化为它的组织原则。也就是说，文化的组成元素并不重要，重要的是这些原则或者文化所表达的价值观。正是在将文化简化为一系列的组织原则和价值观的基础上，才有可能在一一透视其优劣势之后寻找出"共同文化"的元素。

霍加特正是这样处理阶级文化的。在他所提供的简单的文化类型学中，工人阶级（"我们"）注重家庭

---

① T. S. Eliot, *Notes Towards the Definition of Culture* (London: Faber and Faber, 1948), pp. 27-31.

和社区，"有一种强烈的群体意识"，"团结、友好、互助……"，① 而"他们"的个人主义更突出。对文化进行筛选导致了对英国文化中阶级因素的理想化描述，最为人熟知的例证便是中产阶级的势利。另外，它导致了如"大众文化"或者"虚假意识"一样令人误解的偏见。难道"团结"一定是工人阶级的普遍特征吗？它是否适用于所有社会领域和文化的内部关系，如男人和女人、成人和孩子之间的关系？这些浓缩的描述—判断并不能奢望捕捉到生活文化的复杂性，更不要说塑造生活文化的物质及意识形态力量了。

霍加特的"共同文化"意指某个集体或群体，更确切地说，意指这些团体共有的某些价值观。因此，他的"共同文化"是静态的。相比之下，威廉斯的"共同文化"则是动态的、变动不居的；文化包含了无意识的组成部分，因此"共同文化"永远居住在明日之屋。他说：

> 一种文化，尽管它在生活中得以实践，某种程度上却总是未知的、未被实现的。社区的

① Richard Hoggart, *The Uses of Literacy: Aspects of Working Class Life* (London: Chatto & Windus, 1957), p. 68.

> 形成总是一种探索，因为意识不能先于创造，
> 而且不存在未知经验的公式。因此，好的社区，
> 生活文化不仅会为所有、任何能够提升意
> 识——这是我们的共同需求——的人腾出空间，
> 还会积极鼓励这些人……我们需要集中所有的
> 注意力考虑每一种忠诚，每一种价值，因为我
> 们无法预知未来，我们也许永远不能确信什么
> 会丰富未来。①

在威廉斯看来，文化如弗洛伊德的"无意识"，不可能被完全提升到意识层面，冰山的一角注定只是"一角"。文化天生便是开放式的，无法被彻底地整体化。作为一个由共享意义和共同活动组成的系统，文化保留着其最原始的含义——"生长"，向着绝对的自我意识生长。在这个过程中，它要求社会全体成员的参与，尽管任何个体都不可能完全参与到整体文化中；共同文化之"共同"不在于内容之"共同"，而在于它不断被集体地塑造并定义。

威廉斯的"共同文化"概念与极端的社会变化是分

---

① Terry Eagleton, *The Idea of Culture* (Oxford: Blackwell Publishing, 2005)，p. 55.

不开的。它要求社会成员具有共同责任的伦理观，要求社会成员在社会生活各个层面，包括物质生产方面的民主参与。这些是霍加特所缺乏的。他的"共同文化"是怀旧的；存在于语言层面，却沦为口头，没有落实到具体的民主参与上。

文化即价值观。"我们的文化"和"他们的文化"之间的对立即阶级价值观之间的冲突。如果说"高雅"文化的标准无法整合工人阶级文化的话，反之亦然。如果文化研究建立起为工人阶级量身定做的批判体系，无非是倒转地重复了它试图打破的传统。结果，除非独立的文化体系彼此互相隔离，"老死不相往来"，否则只能彼此忽视了。"高雅"文化的评价体系是对整体历史进程进行选择性阅读的结果，而文化研究建立起的评价体系何尝不是如此？因此，"共同文化"必定只能整合一部分元素而放弃其他，它只一定程度地存在于某特定历史语境中，凌驾于历史和空间之上的绝对的"共同"是痴人说梦。以英国文化为例，盖瑞斯·詹金斯认为，不管从哪里看，都不可能把"我们的生活方式"确立为英国文化的某种"精髓"。任何像艾略特那样企图把文化概括为"一个民族全部的标志性活动和兴趣"的人都会陷入一个问题，即他只能给出一个完全凭主观的定义。

在 60 多年后的今天，还有谁会和艾略特一样把英国文化视为"德比赛马日、亨利划船赛、考斯、八月十二日、一场杯赛决赛、赛狗会、乒乓球台、飞镖板、温斯利代干酪、切碎的熟卷心菜、醋熘甜菜根、19 世纪的哥特式教堂和埃尔加音乐"？就连乔治·奥威尔也摆脱不了这个问题。无论他在 1941 年的《狮子与独角兽》中如何辩解，声称"英国文明含有某种可明显辨别的事物"，今天恐怕没有人还能从他所列举出的这些"典型碎片"中看出这种"明显可辨的事物"。这些所谓的"明显"文化成分早已消逝，包括他举出的"兰开夏郡的磨坊小镇上的木鞋踩地声、在北方大道上来来回回的小货车、劳动力市场外排起的长队、伦敦苏活区的乒乓球台传出的声响、冒着秋日的晨雾去参加圣餐礼的老妇们"，等等。我们今天如果也随意挑选一些例子，70 年后它们恐怕同样会变得无法辨识。事实上，在一个时间点上看上去很典型的英国生活方式不过是很短暂的行为。

不过，可能会有这么一种情况，即有些人一方面承认这些含有历史偶然因素的定义是有局限的，因为它们主要聚焦在服装、休闲、社会符码或者消费这些次要方面；另一方面又坚持认为存在某些"英国性"的内核成分。这种"内核"据信绑定在某些对英国人的集体身份至关重要的价值上，诸如言论自由、信仰自由、民主、法制以及无关种族、性别和性取向的平等权的信念等。然而，这些价值观念并非英国人集体身份的固有属性——它们都是斗争的产物，是自 17 世纪的英国革命以来，社会统治者被迫不断向广大民众出让自由和权利的结果。而且，当英国的统治者一方面在国外支持独裁政权、在国内又限制民众的抗议权时，却在另一方面又声称他们正在保卫这些价值观，这不可不谓虚伪至极。当然还不要忘了，这些价值观甚至并非英国特有。18 世纪的美国和法国革命对深化自由和平等权利方面的民主进步至关重要。

因此，对于任何被假定超越了多样性的统一文化，我们都要提一个问题：这是谁的文化？作为"一种共有的生活方式"的文化，只能被严格限定在阶级尚未出现的社会，而在阶级社会中，文化从根本上来说总是带有统治阶级和从属阶级之间的价值冲突的痕迹。文化"被共享"的程度，文化之"共同"的程度就是统治阶级把自身霸权强加于从属阶级之上的程度。"我们的生活方式"这一说法并不是对一个（人类学意义上的）民族典型模式的描述，而是一个挑选文化属性的过程，这些属性被设计用来感受与那些可怕的"他者"的差异，同时

强化在让人不快的阶级分裂之外的共同性的幻觉。正是
在这层意义上，文化是意识形态的。对此，霍加特必定
是知晓的，所以他才以试验性的口气说，我们"拥有几
分共同文化"（something of a common culture）。在后结构
主义的影响下，文化研究开始更多地强调差异而非共性。
既然意义产生于能指链条上符号之间的差异，既然主体
一定程度上由我们之所不是构成，那么文化并非大写的
"一"，而必须除以阶级、性别、种族和年龄等分母。尽
管"共同文化"一度被理解为"一种整体生活方式"，
当下却被肢解为由差别构成的万花筒。霍加特意识到了
这一点，在与约翰·科纳的对话中，他说："我关于它
（共同文化）的出发点一直是这个社会中受教育阶级和
其他成员之间的巨大分离，以及这种分离如何覆盖了我
们在共同历史和传统意义上的普遍人性。"① 他反对抹杀
差异，因为这无异于否定个人天分。然而，如我们在
《电唱机男孩：从阶级抵抗到风格抵抗》一节中所讨论
的，他只看到了阶级这个唯一一个肢解"共同文化"的
分母而忽视了其他。另外，与威廉斯一样，霍加特强调，

---

① John Corner, "Studying Culture-Reflections and Assessments: An Interview With Richard Hoggart," in *Richard Hoggart, The Uses of Literacy*, reprint (New Brunswick: Transaction Publishers, 1998) , p. 283.

共同文化在于产生于生产过程的意义,而忽视了电唱机男孩等通过创造性消费实践而产生的共同文化。这有待后人讨论了。

第二节 "有感觉的男性身体"

一、"身体"的三种形态

在论文的绪论部分,本书提出,霍加特身处现代主义和后现代主义的夹缝中。在本章第一节中,我们讨论了"共同文化"的逻辑和虚妄性。接下来,我们将阅读《识字的用途》中的"身体"隐喻。在该书中,霍加特描述并评价了三种不同的"身体":象征大众文化的支离破碎的女性化身体,象征拒绝变化、被性化了的工人阶级母亲的"身体",以及以奖学金男孩为代表的"有感觉的男性身体"。"有感觉的男性身体"超越了前两者,既是文化危机的症候,又提供了克服危机的方法。

在《识字的用途》中,大众文化对工人阶级的掠夺通过身体所受到的影响得以表现。这一影响首先表现为感官的钝化,即霍加特笔下的"麻醉"(anaesthesia)

或死亡。他写道："大部分大众娱乐终归是劳伦斯所说的'反生活'（anti-life）的……这些产品属于二手的（vicarious）观望者的世界，它们没有提供任何能够真正地抓住大脑或心灵的东西。"① 霍加特用被动性、中介性、观望者拒绝参与，甚至"死亡"的躯体喻指大众文化。举例而言，在描述黑帮小说时，霍加特用无生命的躯体意象比喻这种文学的劣质："匪徒小说在很大程度上是死亡的，因为它只是'在部分中展现生命'。"② 这个观点有两点需要注意：其一，真正的艺术是有益于生活（pro-life）的，它作用于读者或观众的五脏六腑，能够赋予身体以活力。霍加特以福克纳的小说《庇护所》例证此类文学，并因它"探索了小说的本质"③ 而对之大加赞赏。在这类真正的文学中，文本—身体、作者—身体与读者—身体三位一体：作者通过生动的语言于文本—身体中创造出鲜活的感官形象，唤起读者可能沉寂的身体性和活力。其二，如何判断一种文学更加"身体"（霍加特将名词形容词化，称"福克纳的小说比匪徒小说拥有更多身体"）？霍加特暗示，统一性是重要

---

① Richard Hoggart, *The Uses of Literacy* (London: Chatto & Windus, 1957), p. 340.
② Ibid. , p. 267.
③ Ibid. , p. 268.

的评判标准，部分必须服务于整体，细节必须围绕着一个主题展开。否则，即使"部分"中展现了生命，整体依然可能是死亡的。

大众文化对身体的消极影响还表现在它迫使身体支离破碎。在霍加特所描述的新杂志上，"身体"——主要为女性身体——被表征为部分："大腿的翻转或肩膀的弯曲""乳房之间的沟壑""不透明材质下乳头的突起"等。而被表征的"部分"内容反映了表征方式的碎片化，用霍加特的话说，便是"东拼西凑的碎片失去控制"（bittiness run riot）。① 这是新杂志等大众文化形式与优秀文学的区别所在，也是其失败之症结所在。值得指出的是，霍加特并不反对意象的身体性，他真正反对的是这些意象缺乏生命活力："这种性—兴趣主要集中在头脑和眼睛里，一种隔离的二手物。它自认为是聪明、精致的兴趣，实则毫无生气，被简化为范围狭窄的反应。"②

然而，"身体"并非完全被动，物质即是能量。在《识字的用途》中，霍加特讨论了工人阶级对大众文化

---

① 　Richard Hoggart, *The Uses of Literacy* (London: Chatto & Windus, 1957), p. 216.

② 　Ibid. , p. 222.

之节奏和"甘言劝诱"的抵抗:"这不仅仅是消极的抵抗力量,而是积极的力量,尽管其发声仍含混不清。工人阶级拥有强大的适应变化的自然能力,他们改编或同化新事物中自己所需的元素,丢弃其他。"① 工人阶级母亲充满活力的"身体"及奖学金男孩受伤的"身体"象征了这种反抗,它们与霍加特所描述的"棉花糖世界"(大众文化)中毫无生气、支离破碎且被性化了的身体形成了鲜明的对比。

传统是抵抗的坚固堡垒,工人阶级凭借直觉、习惯性地生活,利用神话、格言和仪式依靠语言生活。在霍加特对母亲的处理中,母亲象征了传统和延续性,她拥有所有传统的"质":她的面孔印证了流转不辍的生活的痕迹——常年快速潦草地洗脸导致污垢沉淀,经年累月的精打细算留下了皱纹;习惯性的动作,无论是有节奏的搓手、嘴角的抽动还是稳定的摇摆都诉说着多年的生活。与"空洞"和"亮闪闪"的大众文化相比,污垢和脸部的鳞状质地虽不美丽,却暗示了某种深度和坚实的可靠性。并且,与大众文化被性化了的、廉价而华丽的女性气质相比,母亲被去性化乃至无性化了:她们年

---

① Richard Hoggart, *The Uses of Literacy* (London: Chatto & Windus, 1957), p. 32.

过三十，就已经丧失了大部分性吸引力，不久的将来便身材走样；她们操持着家庭，丝毫不忸怩作态或反复无常。

　　霍加特从外形和无意识的习惯动作方面刻画了工人阶级母亲的形象，问题是，母亲的情感生活呢？母亲的"身体"象征着传统对大众文化的抵抗，但她并没有被赋予强烈的感知能力，也缺乏福克纳式丰富的内心生活。卡洛琳·斯蒂德曼认为，情感上的被动和工人阶级生活的"千篇一律"是霍加特笔下母亲的主要特征。[①] 这个形象与斯蒂德曼自己那欲望强烈、妒忌心强的母亲大相径庭。然而，这些缺失的元素在奖学金男孩——霍加特的半自传人物身上得到了有益的补充。这些男孩凭借政府资助上了文法学校，接受了良好的教育，在一定程度上提升了自己的阶级地位，却最终困于工人阶级和中产阶级的夹缝之中。尴尬的处境使他们产生了强烈的"无根感"和"焦虑感"，但他们至少是有感觉的。与仅从时光的流转和习惯性动作等物理层面塑造母亲的"身体"相比，霍加特对奖学金男孩的描述使人联想到19世纪的相面术：他们的面孔记录了生活的艰辛历史——

---

　　① Caroline Steedman, *Landscape for a Good Woman* (New Brunswick: Rutgers University Press, 1987), p. 26.

"变皱的额头，紧皱的眉毛，阴暗的眼睛，最重要的是嘴巴，下嘴唇如果不是因为上嘴唇的紧绷就松懈了。而上嘴唇掩饰了更强烈的不满，暗示了为避免更大的损失而采取的准斯多葛主义的坚忍不拔"。① 这样的脸庞不仅仅记录了时间的流逝，而且揭示了内心的痛苦和挣扎：瘀伤的意识、淹没了的理想主义和知识分子普遍的优柔寡断。

"感觉"（feeling）在 20 世纪的政治文化生活和批评实践中占据了重要的位置。它是当代生活的索引，以一种语言无法企及的方式记录了经验。语言的中介性特征使它能够紧紧跟随经验却不能与之相携同行，而感觉与经验是直接性的同盟；"感觉"更易接近，更为"民主"。霍尔曾说："每个人都能够感觉（feel）、嗅到（smell）我们社会上的权力集中和滥用，但是谁能将它们命名？知识分子发现关于……"② 在别处，他继续说："我们需要全新的观看方式，全新的言说根深蒂固的文化矛盾的方式，这些矛盾在我们的感觉、反应方式（manner of response）和道德生活模式及姿态（posture）中处处可

---

① Richard Hoggart, *The Uses of Literacy* (London: Chatto & Windus, 1957), p. 315.

② Stuart Hall, "Politics," *Universities and Left Review* 2 (Winter 1957): 2.

见。它们超越了政治语言——至少超越了政治小册子和
竞选活动的语言。"① "感觉" "嗅到" "姿态" 的措辞将
感觉和道德与身体性倾向联系起来,"有感觉的身体"
代替语言成为时代的记录者。不过,霍尔也提醒到,问
题在于传统的政治语言而非语言本身,而文学语言因其
与感觉的亲近性成为政治语言的替代。在《理查德·霍
加特:反理论、无关理论者?》一节中,我们已对霍加特
的文学语言进行了相关阐述,此处不再赘言。

"感觉" 既具有美学价值,还具有政治价值。它不
仅为了解当代社会打开了窗户,为人们把握战后新的经
验提供了通道,还突破了霍尔所描述的 "政治生活的冷
漠及经济学理论的狭隘"。② 霍尔在另一篇文章《政治》
(Politics) 中抱怨道:"我们的政治缺乏情感相关性和共
鸣,缺乏人性:它僵硬、枯燥、毫无色彩,颇具安抚
性。"③ 他认为,社会主义的目标不仅是平等,还包括
"为权力和感知能力辩护"。④ 这样,霍尔便在感觉和现
代性、新奇、变化及活力之间搭起了桥梁,"感觉" 成

---

① Stuart Hall, "In the No Man's Land," *Universities and Left Review* 3 (Winter 1958) : 86.

② Ibid.

③ Stuart Hall, "Politics," *Universities and Left Review* 2 (Winter 1957) : 3.

④ Stuart Hall, "In the No Man's Land," *Universities and Left Review* 3 (Winter 1958) : 87.

为别样的政治激进主义。

与霍尔相比，霍加特并没有走得那么远。他更希望通过对完整性的追求而非剧烈的变化实现社会革新。在多人被"电视、封面女郎挂像和影院大屏幕"催眠、昏昏欲睡之时，奖学金男孩的感知能力和内心生活使他们具有了即使"母亲"也缺乏的独特的文化重要性。他们是"尽管受伤却更加敏感的社会的触角"。① 他们"有感觉的男性身体"囊括并超越了大众文化被性化、支离破碎的女性身体和永恒的母性身体，体现了变化—拒绝变化的二律背反；它既是社会瘀伤的症候，又通过特有的感觉能力为治愈社会提供了药方。霍加特曾引用威尔森大主教的名言说明这一药方的重要性：威尔森大主教两百年前的结论今天仍然适用：亟须被唤醒的人远远超过需要安慰的人。② 感觉消除消费文化的恶果，唤醒社会中沉睡的大多数。

二、"身体"的复合

霍加特的"有感觉的男性身体"并非自天而降，而

---

① Richard Hoggart, *The Uses of Literacy* (London: Chatto & Windus, 1957), p. 258.

② Ibid. , p. 259.

是更为古老的"身体"的复合。它扬弃了利维斯文学批评中的"感觉"话语，同时整合了从威廉·毛里斯到奥威尔的左派批评传统对"身体"的再现，将"感觉"与工人阶级的男子气概相结合。不过，这种男子气与生产性的、劳作的"身体"分离了，而附着在消费性"身体"上。

　　"身体"是利维斯常用的批评术语，并在他 20 世纪 30 年代的作品中大量出现。对这一术语的理解必须放置在利维斯的文明—文化的二元框架中。在 20 世纪的英国社会，与工业革命诞生的科技相携而行的功利主义大行其道，人们沉沦于物质追求，普遍患上了无法整合思想和感觉的"现代病"。利维斯称这样的世界为"文明"，它不仅"大批制造"了物质产品，还生产了被异化的个体和支离破碎的原子化社会。而大众文化如电影提供给人们的只是"生动的实际生活的幻象"。利维斯以"文化"抵抗这样的"文明"。"文化"既是精神价值的家园，又意指特里·伊格尔顿所描述的"语言丰富、复杂、感性和独特"。① 真正的文化只归少数人保管，它具有不经中介的实感，能凭借其"具体的生命性、感性的

---

① 　Terry Eagleton, *Literary Theory: An Introduction* (Oxford: Blackwell, 2008) , p. 36.

即时性"和充满生命的呈现,① 使读者和观众"复活"。

对利维斯而言,"身体"以其独有的特征成为"文化"当仁不让的最佳隐喻。它依赖于一种"完整性概念以及意识与肉体的契合",② 是黑格尔意义上的"合题"。"身体"同时为语言的隐喻性提供了例证:它由指植物、动物、人等有机体的整个结构引申为了某一共同目标,按照某种原则组织而成的社会或群体。因此,"身体"既是微观的,也是宏观的。与艾略特一样,利维斯心之向往的社会—身体是16、17世纪前工业化时代的有机社区;而论及微观的人—身体时,利维斯强调情感整合思想和感觉的重要性。与工业社会"情感生活的劣质"不同,在有机社会里,"思想和感觉接合于词语中,这些词语以身体的感知呈现其意义。它们由表达行动、想法、身体的态度及其成员的简单动词构成"。③

除了暗示完整性和统一性之外,利维斯的"身体"还具有潜在的破坏能力。这一能力是利维斯吸引新左派的重要因素之一,它使二者就反对资本主义文明结成了

---

① F. R. Leavis, *English Literature in Our Time and the University: The Clarke Lectures 1967* (Cambridge: Cambridge University Press, 1979), p. 97.

② Iibid. , p. 98.

③ Allison Pease, *Modernism, Mass Culture and the Aesthetics of Obscenity* (Cambridge: Cambridge University Press, 2000), p. 170.

统一战线。弗朗西斯·马尔赫恩在评价《细察》时说：
"《细察》在某些方面是新左派的天然同盟……它坚决地
反对'文明'，这个'文明'实质上是资本主义文
明。"① 这种破坏能力具体表现为艾莉森·皮斯所描述的
"令人振奋的震惊"。"震惊"原本主要与感觉小说和色
情作品对读者的情感剥削相关，然而，20世纪，"震惊"
成了对抗大众文化被动和令人感官迟钝的效果的积极术
语，其逻辑与波德莱尔的《恶之花》异曲同工：既然美
令人昏昏欲睡，就以"恶"惊世骇俗。有趣的是，利维
斯文化批评的矛头不仅指向大众文化，还包括权威文化。
皮斯认为，将震惊整合为现代主义批判话语是一种潜在
的民主的美学实践，这种实践既是控制颠覆性文化形式
的方式，也有望颠覆现代主义的精英趣味。② 尽管怀有
浓厚的怀旧情结，但利维斯批判布鲁姆斯伯里所代表的贵
族的、美学化的都市精英文化。他毫不客气地写道："布
鲁姆斯伯里的常客培养了汲取最新市场行情的敏捷，对广
泛的指涉物无所不知（the frequenters cultivate quickness in
the uptake, knowingness about the latest market-quotations,

---

① Francis Mulhern, *The Moment of "Scrutiny"* (London: Verso, 1981), p. 330.
② Allison Pease, *Modernism, Mass Culture and the Aesthetics of Obscenity* (Cambridge: Cambridge University Press, 2000), p. 167.

and an impressive range of reference）。"① 作为权威的继承者，这些知识分子过于理智了，他们过度精明老练的文化远不及利维斯的感性文化。

利维斯对大众文化和权威文化的双重批评揭示了二者之间错综复杂的关系。德怀特·麦克唐纳认为，大众文化最初（现在某种程度上仍然）是寄生于高雅文化的"恶性肿瘤"。克莱门特·格林伯格在《前卫与庸俗》一文中指出："庸俗艺术的前提是有现成的、完全成熟的文化传统可供使用，它利用这种传统的发明、有价值的元素和完满的自我意识以达到自身的目的。然而，二者并非枝和叶的关系，而是毛虫和叶子的关系。庸俗文化以毫无远见的边远居民开辟土壤的方式'开采'高雅文化：掠取其财富却不予回报。而且，伴随着自身的发展，庸俗文化逐渐开始从自我传统中汲取养分，一部分庸俗文化与高雅文化'渐行渐远'，甚至看似毫不相干。"②

佩里·安德森认为，利维斯文学批评的认识论的主要形式不是肯定性的，而是质问性的。"事实就是这样，

———

① F. R. Leavis, *English Literature in Our Time and the University: The Clarke Lectures 1967* (Cambridge: Cambridge University Press, 1979), p. 8.

② B. Rosenberg and D. W. White (eds.), *Mass Culture: The Popular Arts in America* (New York: Macmillan, 1957), p. 60.

不是吗?"利维斯习惯于以反问的形式要求读者在"质问"文本的同时"质问"自己的经验,最终形成关于文本的批判性判断。[①] 也就是说,个体经验使批判性判断生效,克里斯·鲍尔蒂克称其为利维斯"对'经验'的宗教膜拜"(the cult of experience)。[②] 深受利维斯影响的霍加特和威廉斯显然对"经验"的重要性熟稔于心——他们从各自的经验出发对利维斯的世界观提出了挑战。在处理"身体"时,二者将当代工人阶级男性身体——此身体被利维斯视作可鄙的大众文化的象征——认同为"有感觉的身体"。不过在霍加特那里,"感觉"没有表现为"震惊",而是迷茫、犬儒主义、自我怜悯以及最重要的——克服了这些消极情绪之后达到对周遭环境的清醒认识和深刻的自我反省。"他们(奖学金男孩)的根经常被挖掘出来用于细察;他们成为智力上的流浪儿。追问从未停止,害怕找到答案的恐惧也从未间歇……被淹没了的理想主义和普遍的犹豫不决保证他们不会'乘机获利':从根本上,他们很在意,他们想做正确之事。在很多方面,他们渺小、可怜且任性,然而,自我意识

---

① Perry Anderson, "Components of the National Culture," *New Left Review* 1 (July–August 1968): 51.

② Chris Baldick, *Criticism and Literary Theory 1890 to the Present* (London: Longman, 1996), p. 204.

尽管有各种恶果，却不失其魅力和优点。"① 这种优点便是我们在讨论"有感觉的男性身体"时所说的"众人皆醉我独醒""敏锐的社会触角"对大众文化的批判。

霍加特对利维斯的扬弃还表现在从关注生产性身体转向消费性身体，尽管他对后者大加批判（也正因为利维斯的影响）。利维斯区别了健康的、生产性的身体和与大众文化相关的消费和享乐的"身体"；他强调，"身体"的享乐能力（必须）被工作——无论是体力活动还是文学批评等脑力活动——调和。然而，"生产性的身体"与霍加特的时代经验格格不入。伴随着 1929 年（亦即利维斯写作的年代）的经济大萧条，"生产性的身体"已经日薄西山。1929 年经济大萧条是重要的转折点，标志着美国经济所面临的问题从如何生产产品转变为如何消费产品。与之平行的是，大众文化的"英雄"从 20 世纪 20 年代以生意人、专业人士和政治家为代表的"生产偶像"变身为以电影演员、体育明星等为代表的"消费偶像"。利维斯纵然有千般不舍，万般不愿，然"消费的身体"乃大势所趋！

霍加特还受到了左派思想明显的威廉·莫里斯和乔

---

① Richard Hoggart, *The Uses of Literacy* (London: Chatto & Windus, 1957), p. 258.

治·奥威尔的影响，将男子气概浪漫化了。丽莎·贾丁和茱莉亚·斯温得尔斯认为，英国的左派"总是允许19世纪的家长式小说调解自己的阶级历史",[①] 即他们倾向于依靠文学、小说和一种特定的文学传统为阶级意识提供证据。这种传统生产了可信的阶级意识版本，在该版本中，妇女被抹去了，英国工人阶级被浪漫化了。此类叙事可一直追踪到20世纪奥威尔的《通往维根码头之路》。通过比较奥威尔的日记和付梓的文本，贾丁和斯温德尔斯发现，奥威尔早期的日志观察和既成文学文本之间存在巨大的差异。在文学文本中，工人阶级男性身体被美学化了，并被赋予了道德价值。奥威尔如此描述男人："高贵的身体"，"宽宽的肩膀逐渐消失，与纤弱灵活的腰肢和小却突出的屁股形成了尖锥形，全身没有丁点儿肥肉"。[②] 然而，在"这般男子气和工作的田园诗中，文学文本抹去了日记中对妇女的生动记述"。[③] 日记中原本筋疲力尽、并不幸福的女人在文学作品中变成了为自己的丈夫营造舒适家庭的顾家小女人。奥威尔因此延续了左派文学的"道德现实主义"传统，在这种传统

[①] Julia Swindells and Lisa Jadine, *What's Left? Women Culture and the Labor Movement* (London: Routledge, 1990), p. 3.

[②] Ibid., p. 11.

[③] Ibid., p. 16.

下，艺术和家庭都承载着道德重担：妇女与被美学化了的家庭相联系，而家庭被视作道德价值观的支持者而非政治领域。这正好解释了霍加特作品中政治维度的缺失。

霍加特复合了利维斯的"有感觉的身体"和左派文学家对男性身体的浪漫化，创造出了"有感觉的男性身体"这一强有力的混合物。这种"身体"既是文化危机的症候，又是治愈的良方；这种"身体"偏离了奥威尔、劳伦斯等老一辈左派作家的英勇的、高贵的劳作性"身体"，转向了以感觉能力见长、略微阴柔的消费性"身体"；这种"身体"标志着从以阶级为基础的政治向文化研究的风格抵抗政治模式的过渡；对"有感觉的男性身体"的浪漫化暗示了对完整性的希冀，体现了现代主义的乌托邦精神，同时暗示了打破身份确定性的后现代主义诉求。

小 结

界定英国文化研究并非易事。首先，它的名字有一定的误导性，非专业的外行人很容易望文生义，将它理解为对英国各个历史时期，如都铎王朝、维多利亚时代等文化的总称。其次，有学者（如弗朗西斯·马尔赫恩）认为，它是对法兰克福学派文化批判的重复。还有学者将它等同于利维斯式的文化—社会批判。那么，英国文化研究当如何将自身与这些传统区别开来，为自己正名？最根本的方法是依靠研究方法而非研究对象。英国文化研究不是对英国文化的研究，而是从文化角度研究，即强调文化与权力之间的关系，以及将文化作为日常生活实践的方式。除此以外，还应看到，英国文化研究具有自己的历史和传统，是对特殊历史语境的反应。

如本书绪论部分所论述的，新左派产生于现代主义向后现代主义、殖民主义向后殖民主义、帝国主义向全球化过渡的广阔背景下。作为第一批新左派成员和英国文化研究的创始人，理查德·霍加特身上打下了这样的时代烙印。但本书并非单纯地在物理时间意义上使用现代主义、后现代主义的字眼，而努力探究这两种思潮对高雅文化和流行文化、理论和经验、日常生活实践与抵抗等的探讨，并在这些框架内研究了霍加特的思想和英国文化研究的重要理论问题，如文化研究的成人教育渊源、文化研究跨学科传统的理论核心、文化研究的民主实践等。文章的结论是，霍加特身处现代主义和后现代主义的夹缝中，他的思想充满了悖论、模糊性和不确定性。

论文第一章集中探讨了英国文化研究诞生的背景、"墙外传统"及文化研究跨学科传统的理论核心，为接下来论述霍加特思想的不彻底性做好铺垫。第二章集中探讨了霍加特的困境之一，即高雅文化和流行文化的悖论。此外，面对西方世界 20 世纪六七十年代的人文危机，霍加特以大众文化重新定义英语学科，扩大了文学的疆土，并质疑了经典文学研究中的诸多假设和前提。他援引艾略特对文化的定义，"文化包括一个民族所有的典型活动和兴趣"，将原本难登大雅之堂的大众文化摆上了贵族的餐桌。

然而，霍加特始终对伟大的文学"高山仰止，景行行止，虽不能至，然心向往之"，即便他所处的时代的艺术风景画只是一片平原，不见巍巍高山或幽幽峡谷。他曾引用奥登的《石灰石颂歌》说明他对"思维高地"（the uplands of the mind）的"仰止"：

> 如果它形成了
> 我们——易变无常的人类始终思念之风景

那是因为它消解在水中①

艺术在当代社会似乎变成了"水中月镜中花",然
而,它总是通过诉诸人对美的渴求,更确切地说,诉诸
求之不得后的失落,以自己的"不在场"设法引起注
意。在抒发对"思维高地"的思念之情时,霍加特语气
唯美,如挽歌般的静穆。

研究对象的变化意味着方法论亦需改变。在方法论
创新方面,霍加特作出了巨大的努力,集中表现为由传
统文学批评向社会学方法——文化阅读过渡。然而,这
一过程中,他同样表现了某种理论模糊性和不彻底性。
他热情地赞扬流行文化的社会功能,同时又用利维斯式
的"辨别"和"判断"对流行文化的文本形式大加批
判,其精英主义逗留不去。霍加特提出:"不鉴赏好的
文学,没有人可以真正了解社会的性质。"② 然而,如本
章中讨论的,与大众文化相比,经典文学未必就是了解
社会的更佳途径。且经典之所以成为经典,往往是意识
形态作用之结果,并反过来为意识形态服务。此外,无

---

① Richard Hoggart, *Tyranny of Relativism: Culture and Politics in Contemporary English Society*, reprint (New Brunswick and London: Transaction, 1998), p. 75.

② Richard Hoggart, "Literature and Society, " in Norman Mackenzie (ed.), *A Guide to the Social Sciences* (New York: New American Library, 1966), p. 44.

论如何强调"为价值而读""为语气而读""为意义而读",文化阅读都必须从"事物自身"(the thing in itself)开始,否则将无法走远;无论社会学理论多么必要,必须保持文学对细节和特殊性的关注,如霍加特所言,"在与理论相遇的尽头,我们似乎再一次确认了具体性的重要性,它高于一切的重要性"。①

这里,我们并不是要否定霍加特"将文本细读和社会学方法相结合的方法论创新",更不是在低估文学之于文化研究的重要意义,而是向霍加特在文学和社会学交叉领域所做的努力致敬,尽管他的方法并不彻底。这种不彻底性要归于文学批评传统强大的统摄力和影响力,如约翰·斯道雷所认为的,传统的影响是难以估量的:在将近一百年的时间里它无疑是文化分析中的主导范式。它已然形成了英国学术和非学术生活某些领域中被压抑的"常识"。②

第三章重点论述理论与经验、抵抗与抵抗的消失等悖论。作为文化主义范式的代表,霍加特强调日常生活经验和工人阶级的主体性,一定程度上回应了后现代宏

① Richard Hoggart, "Humanistic Studies and Mass Culture," in *An English Temper* (London: Chatto & Windus, 1982), p. 134.

② John Storey, *Cultural Theory and Popular Culture: A Reader* (NSW: Pearson Education Australia, 2006), p. 25.

大理论叙事的消解；他的民族志方法开启了普通人日常生活实践的抵抗，体现了自下而上的权力流动。然而，在谈到以电唱机男孩为代表的工人阶级青少年时，霍加特抛弃了他"知情人的笔触"，"抵抗"屈膝服从于享乐主义。这表现了他对"抵抗"的狭隘理解：局限于阶级之间的斗争。然而，文化研究作为一项已然体制化的事业，其诞生与阶级斗争并非同时发生，围绕性别、种族和年龄等展开的文化政治、身份政治是文化研究更为关注的问题。

在对电唱机男孩的处理中，霍加特将青年亚文化看作工人阶级文化的附属导致他忽视了青年亚文化通过年龄和团体经验等将自身与母体文化区分开来的独特形式和结构，忽视了青年亚文化对母体文化的反抗。这一反抗具体表现为对消费品进行改造和重组，通过将它们放置在新的语境中实现"再意指"。"风格"是电唱机男孩锻造自我身份的"新语言"，是他们进行自我表达、实现并维持文化主张的身份政治。遗憾的是，霍加特并没有意识到这一点。

与霍尔等第二代新左派成员相比，霍加特对经验特权的强调导致理论发育不良，集中表现为拒绝接受分析区分的原则，对乔装打扮或不自觉的理论租借缺乏认识以及没有将具体研究的成果充分理论化，这是他的不足。然而，与其说霍加特是位反理论或无关理论者，不如说他反对的是晦涩的理论语言，以及这种语言的反民主倾向。同罗兰·巴特一样，霍加特批判语言——意识形态问题，但他使用的是口语化的非专业化语言，而非"晚期现代主义"风格。他关注理论的沟通方式及与谁沟通，认为批评必须有助于"聪明的外行人"（霍加特的理想读者）参与民主讨论。他的批评并非反对理论而是关于理论的探讨——理论不能僵化为体制形式，而应表达更为广泛的社会关注和政治旨趣。而霍加特的"文学性学术写作"对多重视角保持开放的姿态，通过将各种迥然的分析形式（个人记忆、社会学数据、名言等）并置，打破了既成的学科分界，证明了智力活动、学术研究并非学者的职业活动，而是大众之普遍关注。霍加特对文学的热爱和他的文学方法激活了他的民主批评，使他能够"伸展开来，与他者对话"。①

最后一章讨论了霍加特的"共同文化"和其虚妄性。"共同文化"是对"文化"进行人类学定义的逻辑必然。在"高雅"文化中，"文化"借助与"非文化"

---

① Richard Hoggart, *An Imagined Life* (London: Chatto & Windus, 1992), p. 26.

的对立来定义自身，保存自我，而在文化的人类学定义中，"文化"成为一个延展性的、几乎无所不包的术语，那么，要连贯地描述某一特定的生活文化，唯一的方法便是将该文化简化为它的组织原则。也就是说，文化的组成元素并不重要，重要的是这些原则或者文化所表达的价值观。正是在将文化简化为一系列的组织原则和价值观的基础上，才有可能在——透视其优劣势之后寻找出"共同文化"的元素。

霍加特的"共同文化"意指某个集体或群体，更确切地说，意指这些团体共有的某些价值观。因此，他的"共同文化"是静态的。相比之下，威廉斯的"共同文化"则是动态的、变动不居的；文化包含了无意识的组成部分，不可能被完全提升到意识层面；冰山的一角注定只是"一角"。文化天生便是开放式的，无法被彻底地整体化。作为一个由共享意义和共同活动组成的系统，文化保留着其最原始的含义——"生长"，向着绝对的自我意识生长。在这个过程中，它要求社会全体成员的参与，尽管任何个体都不可能完全参与到整体文化中；共同文化之"共同"不在于内容之"共同"，而在于它不断被集体地塑造并定义。

威廉斯的"共同文化"概念与极端的社会变化是分

不开的。它要求社会成员具有共同责任的伦理观，要求社会成员在社会生活各个层面，包括物质生产方面的民主参与。这些是霍加特所缺乏的。他的"共同文化"是怀旧的；存在于语言层面，却沦为口头，没有落实到具体的民主参与上。

文化即价值观。"我们的文化"和"他们的文化"之间的对立即阶级价值观之间的冲突。如果说"高雅"文化无法整合工人阶级文化的话，反之亦然。如果文化研究建立起为工人阶级量身定做的批判体系，无非是倒转地重复了它试图打破的传统。结果，除非独立的文化体系彼此互相隔离，"老死不相往来"，否则只能彼此忽视了。"高雅"文化的评价体系是对整体历史进程进行选择性阅读的结果，而文化研究建立起的评价体系何尝不是如此？因此，"共同文化"必定只能整合一部分元素而放弃其他，它只一定程度地存在于某特定历史语境中，凌驾于历史和空间之上的绝对的"共同"是痴人说梦。因此，对于任何被假定超越了多样性的统一文化，我们都要提一个问题：这是谁的文化？作为"一种共有的生活方式"的文化只能被严格限定在阶级尚未出现的社会，而在阶级社会中，文化从根本上来说总是带有统治阶级和从属阶级之间的价值冲突的痕迹。文化"被共享"的程度，文化之"共同"的程度就是统治阶级把自身霸权强加于从属阶级之上的程度。"我们的生活方式"这一说法并非是对一个（人类学意义上的）民族典型模式的描述，而是一个挑选文化属性的过程，这些属性被设计用来感受与那些可怕的"他者"的差异，同时强化在让人不快的阶级分裂之外的共同性的幻觉。正是在这层意义上，文化是意识形态的。

在后结构主义的影响下，文化研究开始更多地强调差异而非共性。既然意义产生于能指链条上符号之间的差异，既然主体一定程度上由我们之所不是构成，那么文化并非大写的"一"，而必须除以阶级、性别、种族、和年龄等分母。尽管"共同文化"一度被理解为"一种整体生活方式"，当下却被肢解为由差别构成的万花筒。霍加特意识到了这一点，在与约翰·科纳的对话中，他说："我关于它（共同文化）的出发点一直是这个社会中受教育阶级和其他成员之间的巨大分离，以及这种分离如何覆盖了我们在共同历史和传统意义上的普遍人性。"[1] 他反对抹杀差异，因为这无异于否定个人天分。

---

[1]　John Corner, "Studying Culture-Reflections and Assessments: An Interview With Richard Hoggart, " in *Richard Hoggart, The Uses of Literacy*, reprint (New Brunswick: Transaction Publishers, 1998) , p. 283.

然而，如我们在《电唱机男孩：从阶级抵抗到风格抵抗》一节中所讨论的，他只看到了阶级这个唯一一个肢解"共同文化"的分母而忽视了其他。另外，与威廉斯一样，霍加特强调，共同文化在于产生于生产过程的意义，而忽视了电唱机男孩等通过创造性消费实践而产生的共同文化。

身处现代主义和后现代主义的夹缝之中，霍加特不属于任何一个世界，无根感、焦虑感、思想上的崇高追求和行动上的怠惰如影随形。然而，他并没有完全沉溺于悲观和绝望——尽管希望亦无处可寻，而代之以后现代式的反省和自嘲。这些特点在霍加特的自传性人物——奖学金男孩身上得到了集中反映。他们与艾略特笔下的现代人物原型——普鲁弗洛克有着惊人的相似之处。"对行动、个人意志和决定的强调太少，太多东西都在脑海中进行"，他们读早期的赫胥黎和卡夫卡，他们"悲伤且孤独，发现很难与人建立联系，甚至是与他们处境相同的人"；他们"有远大的志向，却缺乏实现它们的装备和耐久力"；他们"会更加快乐，如果能意识到自己的局限，如果能学会不高估自己的可能性……但是他的背景、他的气质和他的自然能力迫使自我实现变得困难，因此他被'崇高抱负和卑微行为间的差异'"所困扰。信仰与行动之间的巨大鸿沟导致奖学金男孩愤世嫉俗，自怨自艾。但是，从根本上，他们很在意，他们想做正确之事。"在很多方面，他们渺小、可怜且任性，然而，自我意识，尽管有各种恶果，却不失其魅力和优点"。在多人被电视、封面女郎挂像和影院大屏幕催眠、昏昏欲睡之时，奖学金男孩的感知能力和内心生活使他们能够"众人皆醉我独醒"，他们是"尽管受伤却更加敏感的社会的触角"，以前是，现在依然如此。

参考文献

中文图书

安·格雷:《文化研究:民族志与生活文化》,许梦云译,重庆出版社,1994。

马克·吉普森、约翰·哈特雷:《文化研究四十年——理查德·霍加特访谈录》,胡谱中译,《中国传媒大学学报(现代传播)》2002 年第 5 期。

胡疆锋:《从"世代模式"到"结构模式"》,《中国青年研究》2008 年第 2 期。

英文图书

霍加特专著

Richard Hoggart, *The Uses of Literacy* (London: Chatto & Windus, 1957) .

—*Speaking to Each Other: Volume 2: About Literature* (Harmondsworth: Penguin, 1973) .

—*An English Temper* (London: Chatto & Windus, 1982) .

—*A Local Habitation: Life and Times, Volume One: 1918–40* (London: Chatto & Windus, 1988) .

—*A Sort of Clowning: Life and Times 1940–1959* (Oxford: Oxford University Press, 1990) .

—*An Imagined Life* (London: Chatto & Windus, 1992) .

—*The Tyranny of Relativism: Culture and Politics in Contemporary Society* (New Brunswick: Transaction Publishers, 1998) .

—*First and Last Things* (New Brunswick: Transaction Books, 2002) .

—*Everyday Language and Everyday Life* (New York: Transaction Publishers, 2003) .

—*Mass Media in a Mass Society* (London: Continuum, 2004) .

霍加特论文

Richard Hoggart,

—"Literature and Society, " in Norman Mackenzie (ed.) , *A Guide to the Social Sciences* (New York: New American Library, 1966) .

—"Literature and Society, " *American Scholars* 35 (1966) .

—"Literary and Sociological Imagination, " in *Speaking*

to Each Other: Volume 2: About Society (New York: Oxford University Press, 1970) .

—"George Orwell and the Art of Biography, " in *An English Temper* (London: Chatto & Windus, 1982) .

—"Humanistic Studies and Mass Culture, " in *An English Temper* (London: Chatto & Windus, 1982) .

—"Closing Observations, " in R. Hoggart and J. Morgan (eds.) , *The Future of Broadcasting: Essays on Authority, Style and Choice* (London and Basingstoke: Macmillan, 1996) .

—"The Heart Has Its Reasons, " *New Statesman*, December 20, 1999.

—"Looking Back: An Interview With Nicholas Tredell, " in *Between Two Worlds: Politics, Anti-Politics, and the Unpolitical* (New Brunswick: Transaction, 2002) .

—"Contemporary Cultural Studies: An Approach to the Study of Literature and Society, " in M. Bradbury and R. Palmer (eds.) , *Contemporary Criticism: Stratford-Upon-Avon Studies 12* (London: Arnold, 1969) .

霍加特其他作品

Richard Hoggart, "Prolegomena to the Second Edition, " *Tutors' Bulletin*, November 1947.

Hoggart, Richard and Williams, Raymond, "Working Class Attitudes," *New Left Review* 1 (January – February 1960).

Hoggart Archive, Pickstock to Hoggart, April 10, 1957, Hoggart papers, 3/11/301, Sheffield.

Hoggart Archive, 3//11//96, Brian Groombridge, "Adult Education and the Admass".

其他作者著述

Bronislaw Malinowski, *Argonauts of the Western Pacific* (New York: New York University Press, 1961).

Raymond Williams, *Culture and Society: 1780 – 1950* (London: Penguin Books, 1961).

—*Problems in Materialism and Culture* (London: Verso, 1980).

—*The Politics of Modernism* (London: Verso, 1990).

Raymond Williams, "Fiction and the Writing Public," *Essays in Criticism* 7, no. 4 (1957): 428.

Raymond Williams, "Culture and Revolution: A Comment," in Terry Eagleton and Brian Wicker (eds.), *From Culture to Revolution* (London: Sheed & Ward, 1968).

Terry Eagleton, *After Theory* (New York: Basic Books,

2003).

——*The Idea of Culture* (Oxford: Blackwell Publishing, 2005).

—— *Literary Theory: An Introduction* (Oxford: Blackwell, 2008).

Stefan Collini, *English Pasts: Essays in History and Culture* (Oxford and New York: Oxford University Press, 1999), p. 226.

Hall, Stuart and Paddy, Whannel, *The Popular Arts* (Boston: Beacon Press, 1967).

Stuart Hall, et al. , *Culture, Media, Language: Working Papers in Cultural Studies, 1972 – 1979* (London: Routledge, 2007).

Stuart Hall, "Politics, " *Universities and Left Review* 2 (Winter 1957).

——"In the No Man's Land, " *Universities and Left Review* 3 (Winter 1958).

——"A Sense of Classlessness, " *Universities and Left Review* 5 (Autumn, 1968).

——"The emergence of Cultural Studies and the Crisis of the Humanities, " *The Humanities as Social Technology* 53 (Summer 1990).

—"Richard Hoggart, The Uses of Literacy and The Cultural Turn," in Sue Owen (ed.), *Richard Hoggart and Cultural Studies* (London: Palgrave Macmillan, 2008).

—"Cultural Studies and its Theoretical Legacies," in Grossberg, Lawrence, Nelson, Cary, and Treichler, Paula A. (eds.), *Cultural Studies* (London and New York: Routledge, 1992).

Bill Hughes, "The Uses and Values of Literacy: Richard Hoggart, Aesthetic Standards, and the Commodification of Working-Class Culture," in Sue Owen (ed.), *Richard Hoggart and Cultural Studies* (London: Palgrave Macmillan, 2008).

F. R. Leavis, *The Common Pursuit* (London: Chatto & Windus, 1972).

—*English Literature in Our Time and the University: The Clarke Lectures 1967* (Cambridge: Cambridge University Press, 1979).

Q. D. Leavis, *Fiction and the Reading Public* (London: Chatto & Windus, 1978).

I. A. Richards, *Principles of Literary Criticism* (London: Routledge, 1928).

—*The Philosophy of Rhetoric* (Oxford: Oxford University Press, 1965).

John Corner, "Studying Culture-Reflections and assessments: an interview with Richard Hoggart, " in Richard Hoggart, *The Uses of Literacy*, reprint (New Brunswick: Transaction Publishers, 1998).

Nelson, Cary and Treichler, Paula A. (eds.), *Cultural Studies* (London and New York: Routledge, 1992).

Edward Said, "Orientalism and After, " in Peter Osborne (ed.), *A Critical Sense Interviews with Intellectuals* (London: Routledge, 1996).

Colin Sparks, "The Abuses of Literacy, " in *CCCS Selected Working Papers* 2 (London: Routledge, 2007).

Peter Brantlinger, *Crusoe's Footprints* (London: Routledge, 1990).

Karl Mannheim, *Conservatism: A Contribution to the Sociology of Knowledge* (London: Routledge, 1986).

Ross Mckibbin, *Classes and Cultures: England, 1918 - 1951* (Oxford: Oxford University Press, 2000).

Grant Farred, *Midfielder's Moment: Colored Literature and Culture in Contemporary South Africa* (Boulder: Westview Press, 1999), p. 93.

Jed Esty, *A Shrinking Island: Modernism and National Culture in England* (Princeton: Princeton University Press,

2003).

Patrick Joyce (ed.), *"Introduction"* in *Class* (Oxford and New York: Oxford University Press, 1995).

Terry Eagleton and Brian Wicker (eds.), *From Culture to Revolution* (London and Sydney: Sheed & Ward, 1968).

Peter Burke, "The 'Discovery' of Popular Culture," in Raphael Samuel (ed.), *People's History and Socialist Theory* (London: Routledge, 1981).

Brian Jackson and Dennis Marsden, *Education and the Working Class: Some General Themes Raised by a Study of 88 Working-Class Children in a Northern Industrial City* (Harmondsworth: Penguin, 1973).

Michael Bailey, Ben Clarke and John K. Walton, *Understanding Richard Hoggart* (Hoboken: Wiley-Blackwell, 2012).

Rita Felski, " The Role of Aesthetics in Cultural Studies," in Michael Berube (ed.), *The Aesthetics of Cultural Studies* (Oxford: Blackwell Publishing, 2005).

Graeme Turner, *British Cultural Studies: An Introduction*, Third Edition (London: Routledge, 2005).

Tom Steele, *The Emergence of Cultural Studies, 1945-65* (London: Lawrence and Wishart Ltd. , 1998).

Stuart Laing, *Representations of Working-class Life, 1957–64* (London: Palgrave Macmillan, 1986) .

Graham Hough, *The Dream and the Task: Literature and Morals in the Culture of Today* (London: Gerald Duckworth, 1964) .

Antony Easthope, *Literary into Cultural Studies* (London: Routledge, 1991) .

John Hartley, *A Short History of Cultural Studies* (London: Sage Publications, 2003) .

Margaret Mathieson, *The Preachers of Culture: A Study of English and Its Teachers* (Washington: Rowman and Littlefield, 1975) .

Andrew Tolson, " Reading Literature as Culture, " in *CCCS Selected Working Papers*, Vol. 2 (London: Routledge, 2007) .

Antony Easthope, *Literary into Cultural Studies* (London: Routledge, 1991) .

Northrop Frye, *Anatomy of Criticism* (Princeton: Princeton University Press, 1957) .

Peter Berger and Thomas Luckmann, *The Social Construction of Reality* (Garden City: Doubleday, 1966) .

Hans-Georg Madame, *Truth and Method,* trans. William

Glen-Doepel (London: Sheed & Ward, 1979) .

Douglas Kellner, "Cultural Studies and Social Theory: A Critical Intervention, " in George Ritzer and Barry Smart (eds.) , *Handbook of Social Theory* (London: Sage, 2001) .

Harold Bloom, *D. H. Lawrence* (New York: Chelsea House Publishers, 2002) .

John Storey, *Cultural Theory and Popular Culture* (London: Harvest Wheatsheaf, 1994) .

Lionel Trilling, *Beyond Culture* (New York: Viking, 1965) .

Rene Wellek, *Concept of Criticism* (New Haven: Yale University Press, 1963) .

Lawrence Veysey, *The Emergence of the American University* (Chicago: University of Chicago, 1965) .

Gerald Graff, *Professing Literature* (Chicago: University of Chicago Press, 1987) .

Matthew Arnold, "Literature and Science, " in Matthew Arnold and Lionel Trilling (ed.) , *The Portable Matthew Arnold* (New York: Viking, 1949) .

Jonathan Culler, *Literary Theory: A Very Short Introduction* (Oxford: Oxford University Press, 2011) .

Sue Owen (ed.) , *Rereading Hoggart* (Newcastle: Cambridge Scholars Publishing, 2008) .

Lawrence Grossberg, "Introduction: CCCS and the Detour through Theory, " in Ann Gray, et al. , *CCCS Selected Working Papers*, Vol. 1 (London and New York: Routledge, 2007) .

Harbermas, *Moral Consciousness and Communicative Action* (Cambridge: The MIT Press, 2001) .

Tzvetan Todorov, Mikhail Bakhtin, *The Dialogical Principle* (Minnesota: University of Minnesota Press, 1984) .

Roland Barthes, *Critical Essays* (Illinois: Northwestern University Press, 1972) .

Patrick Brantlinger, *Crusoe's Footprints: Cultural Studies in Britain and America* (London: Routledge, 1990) .

Jean-Claude Passeron, " Introduction to the French Edition of Uses of Literacy, " in *CCCS Selected Working Papers*, Vol. 2 (Routledge, 2007) .

Graeme Turner, *British Cultural Studies: An Introduction*, Third Edition (London: Routledge, 2005) .

Angela McRobbie, *Feminism and Youth Culture* (Hampshire and Macmillan: Basingstoke, 2000) .

Andrew Goodwin, "The Uses and Abuses of In-discipline, " in *Richard Hoggart, The Uses of Literacy*, reprint (New Brunswick: Transaction Publishers, 1998) .

R. Gosling, *Sum Total* (London: Faber, 1962) .

Margaret Mead, *Culture and Commitment: A Study of Generation Gap* (New York: National History Press, 1970).

Dick Hebdige, *Subculture: The Meaning of Style* (London: Methuen, 1979).

——*Hide in the Light: On Images and Things* (London: Routledge, 1988).

Peter Laurie, *The Teenage Revolution* (London: Anthony Blond, 1965).

Mark Abrams, *The Teenage Consumer* (London: London Press Exchange, 1959).

Paul Willis, *Profane Culture* (London: Routledge, 1978).

John Clarke, "Style," in Stuart Hall & Tony Jefferson (eds.), *Resistance through Rituals* (London: Routledge, 1990).

Tony Bennett, Colin Mercer and Janet Woollacott, *Popular Culture and Social Relations* (London: Open University Press, 1986).

T. S. Eliot, *Notes Towards the Definition of Culture* (London: Faber and Faber, 1948).

Caroline Steedman, *Landscape for a Good Woman* (New Brunswick: Rutgers University Press, 1987).

Allison Pease, *Modernism, Mass Culture and the Aesthetics*

of Obscenity (Cambridge: Cambridge University Press, 2000).

Francis Mulhern, *The Moment of "Scrutiny"* (London: Verso, 1981).

B. Rosenberg and D. W. White (eds.), *Mass Culture: The Popular Arts in America* (New York: Macmillan, 1957).

Chris Baldick, *Criticism and Literary Theory 1890 to the Present* (London: Longman, 1996).

Julia Swindells and Lisa Jadine, *What's Left? Women Culture and the Labor Movement* (London: Routledge, 1990).

其他论文

Stuart Hall, "Politics," *Universities and Left Review* 2 (Winter 1957).

Joaquin Zuniga, "An Everyday Aesthetic Impulse: Dewey Revistied," *British Journal of Aesthetics* 29, no. 1 (Winter 1989).

Francis Mulhern, " A Welfare Culture? Hoggart and Williams in the Fifties," *Radical Philosophy,* no. 77 (May/ June 1996).

Perry Anderson, "The Components of National Culture," *New Left Review* 1 (July–August 1968).

Jin Huimin, "British Cultural Studies, Active Audience

and the Status of Cultural Theory: An Interview with David Morley, " *Theory, Culture & Society* 28, no. 4 (2011) .

David Lodge, "Richard Hoggart: A Personal Appreciation, " *International Journal of Cultural Studies* 10, no. 29 (2007) .

Gibson and Hartley, "Forty Years of Cultural Studies: An Interview with Richard Hoggart, " *International Journal of Cultural Studies* 13, no. 2 (1998) .

Jon Nixon, "Richard Hoggart's Legacy of Democratic Education, " *International Journal of Cultural Studies* 22, no. 2 (2007) .

Eliot Freidson, "Review of The Uses of Literacy, " *The American Journal of Sociology* 64, no. 1 (July 1958) .

M. M. Lewis, "Review of The Uses of Literacy, " *British Journal of Educational Studies* 6, no. 1 (November 1957) .

Richard Johnson, "What Is Cultural Studies Anyway?" *Social Text* 16 (1986–1987) .

附录

理查德·霍加特生平及著述

理查德·霍加特（1918—2014），文学批评家、文化理论家，公共知识分子。目前已出书三十多部，发表论文数篇，涉及领域包括文化、识字、公民身份、社会民主等，探讨了文化与阶级、教育与艺术等主题。

霍加特8岁丧母后便成了孤儿，由祖母、两位姨妈、一位舅舅和一位表兄抚养长大，而他的兄弟姐妹亦被送给其他亲戚。独特的童年经历使霍加特很早就意识到家庭的重要性。家庭是个体学会爱自己、爱他人的地方，是个体得以敞开心扉、直面最真实情感的场所。换言之，家庭培养了人的同情心，使人学会"老吾老以及人之老，幼吾幼以及人之幼"。家庭生活为超越社会契约权利的社会责任提供了基础，这种社会责任基于共同的忠诚，是一种道德自律。

霍加特在利兹郡汉斯莱特的连栋房屋中度过了自己的童年。这种房屋没有后门，通风条件和空间都很有限。

当地的居住环境很大程度上影响了霍加特对工人阶级社区、文化习惯、社会习俗和工人阶级态度的兴趣，为他从人类学意义上定义"文化"提供了基础。此外，霍加特的童年经历也塑造了他的社区价值观和睦邻友好价值观。成长于两次世界大战期间，霍加特自幼饱尝生活的艰辛，除领取政府救济金外，还依靠非官方的慈善行为勉强度日。因此，他在自己的著作中不止一次强调"必须要团结一致"，在邻居有困难时要伸出援手，因为同样的事情可能发生在任何家庭身上。霍加特也因此对19世纪社会传统十分推崇，该传统即建立在共同需求、相互信任、彼此诚恳和社会责任基础上的工人阶级互助保险体制。

尽管没有通过11岁儿童中学入学考试，霍加特凭借小学校长的推荐进入科克本高中，并在取得了中学毕业文凭后在当地教育部门的资助下考取利兹大学英语系，师从博纳米·道卜雷。在道卜雷的指导下，霍加特的文学素养和分析技巧日益精进，而且还接触到了不同于工人阶级的社交礼仪。社会习惯的改变使霍加特左右摇摆，对自己充满了不确定性。一方面，教育为他提供了曾经不敢奢想的学习机会和向上的社会流动性；另一方面，教育加剧了他的阶级意识，尤其是他对自己的文化精通度的怀疑。与中产阶级出身的同辈相比，霍加特自觉自己的文化精通度未免相形见绌。身处两个阶级之间，霍加特不属于任何一个世界，焦虑感和无根感如影随形，他笔下的奖学金男孩便是其真实写照。但是，霍加特超越了专属于两个阶级——工人阶级和中产阶级知识分子——的思想和习俗，转而拥抱阿诺德广博的人文精神及对人性至善至美的追求。这也解释了霍加特对马克思主义的反感。如迈克尔·贝利等认为的，尽管霍加特有社会主义倾向，但他的社会主义是伦理而非物质社会主义，可视作基督教社会主义的世俗形式。

大学毕业后，霍加特参加了为期五年的战时军队服役，先后驻扎在北非和意大利。战争末期，他开始投身成人教育，借此重新点燃了他对政治、纪录片和文学的兴趣。而且，如斯蒂尔所认为的，正是从成人教育中诞生了文化研究。通过军队教育军团和军队当前事务局，霍加特见证了教育对成年人的解放性力量。和威廉斯、汤普森、罗伊·肖等人一样，霍加特视成人教育为使命而非简单的职业。1946 年战争结束后，霍加特以成人教育讲师的身份进入赫尔大学，直到 1959 年。

1959—1962 年，霍加特以高级讲师的身份就职于莱斯特大学。1962 年，他任教伯明翰大学，于 1964 年在此成立了当代文化研究中心，试图将文学研究和社会学思想及分析方法合二为一。霍加特的本意是指导学生用文学的方法理解文字和图像文化文本，然而，70年代，由于霍加特专心于文化政策及行政职务，霍尔逐渐接手中心的事务，随之将中心带向了另一个方向。通过对批判理论、马克思主义、女性主义、后殖民主义等政治倾向明显的分析方法的讨论，中心逐渐确立了自己的地位。

1970年，霍加特辞去了在伯明翰大学的职务，开始了他在联合国教科文组织的任职。

1976—1984年，霍加特任伦敦大学金史密斯学院院长，这也是他所担任的最后一个学术职务。之后，他逐渐退出了公共生活。在接下来的20多年中，他坚持写作，出版了3卷本的自传《生活与时代》，对20世纪的英国社会和生活进行了详细描述。在该书中，他探讨了艺术的独特功能和价值、"英国性"的文化表达及他那一代人的政治思想和理想。这本书成就了他优秀传记作家和社会编年史家的美誉，他利用自己的生活经历分析更广阔的社会、文化变化。

60年代末，随着大陆批评理论泊入英国，霍加特的影响力有所减弱。正如霍加特及同代人批判利维斯等前辈的精英主义一样，霍加特本人的分析方法也遭到了后继者的诟病，他们所生产的文本理论性更强，更加以政治为导向。然而，新一代读者逐渐重新意识到了霍加特所提倡和践行的文化政治的重要性，而随着人文主义和社会民主思想——二者在20世纪七八十年代被文化理论家诽谤为统治阶级的意识形态及对60年代极端主义的背叛——的复苏，霍加特的思想重新焕发了生机。

第一本著作《奥登简介》不仅是霍加特本人的第一篇专题论文，而且是第一本分析奥登诗歌的专著。该书的出版标志着霍加特公共知识分子事业的起飞，他开始接受杂志约稿，并被邀请在相关会议上发言，甚至还帮助英国广播公司制作了关于奥登的节目。

霍加特曾担任职务

学院内

1946—1959，赫尔大学成人教育学院讲师

1959—1962，莱斯特大学高级英语讲师

1964—1973，伯明翰大学英语教授、伯明翰当代文化研究中心创始人

1971—1975，联合国教科文组织助理总干事

1976—1984，伦敦大学金史密斯学院院长

学院外

1958—1960，阿尔伯马尔青年事务委员会成员

1960—1962，皮尔金顿广播委员会成员

1976—1981，英国艺术理事会成员

1962—1988，皇家莎士比亚剧院成员

1977—1983，成人及继续教育委员会成员

1981—1991，广播研究单位成员

霍加特主要专著

Richard Hoggart, *The Uses of Literacy* (London: Chatto & Windus, 1957).

—*Only Connect: On Culture and Communication* (London: Chatto & Windus, 1972).

—*Speaking to Each Other: Volume 2: About Literature* (Harmondsworth: Penguin, 1973).

—*An Idea and Its Servants: UNESCO from Within* (London: Chatto & Windus, 1978).

—*An English Temper* (London: Chatto & Windus, 1982).

—*A Local Habitation: Life and Times, Volume One: 1918–40* (London: Chatto & Windus, 1988).

—*A Sort of Clowning: Life and Times 1940–1959* (Oxford: Oxford University Press, 1990).

—*An Imagined Life* (London: Chatto & Windus, 1992) .

—*Townscape with Figures: Farnham-Portrait of an English Town* (London: Chatto & Windus, 1994) .

—*A Measured Life* (New Brunswick: Transaction Books, 1995) .

—*The Way We Live Now* (London: Chatto & Windus, 1995) .

—*The Tyranny of Relativism: Culture and Politics in Contemporary Society* (New Brunswick: Transaction Publishers, 1998) .

—*First and Last Things* (New Brunswick: Transaction Books, 2002) .

—*Between Two Worlds: Politics, Anti-Politics, and the Unpolitical* (New Brunswick: Transaction, 2002) .

—*Everyday Language and Everyday Life* (New York: Transaction Publishers, 2003) .

—*Mass Media in a Mass Society* (London: Continuum, 2004) .

—*Promises to Keep: Thoughts in Old Age* (London and New York: Continuum, 2005) .

霍加特论文

Richard Hoggart, "Prolegomena to the Second Edition," *Tutors' Bulletin*, November 1947.

——"Literature and Society," in Norman Mackenzie (ed.), *A Guide to the Social Sciences* (New York: New American Library, 1966).

——"Literature and Society," *American Scholars* 35 (1966).

——"Contemporary Cultural Studies: An Approach to the Study of Literature and Society," in M. Bradbury and R. Palmer (eds.), *Contemporary Criticism: Stratford-Upon-Avon Studies 12* (London: Arnold, 1969).

——" Higher Education and Personal Life: Changing Attitudes," in W. R. Niblett (ed.), *Higher Education: Demand and Response* (London: Tavistock Publications, 1969).

——"Literary and Sociological Imagination," in *Speaking to Each Other: Volume 2: About Society* (New York: Oxford University Press, 1970).

——"Excellence and Access: And the 'Arts Council'," *NUQ*, Autumn, 1979.

——"George Orwell and the Art of Biography," in *An*

English Temper (London: Chatto & Windus, 1982) .

—"Humanistic Studies and Mass Culture,"in *An English Temper* (London: Chatto & Windus, 1982) .

—"Closing Observations," in R. Hoggart and J. Morgan (eds.) , *The Future of Broadcasting: Essays on Authority, Style and Choice* (London and Basingstoke: Macmillan, 1996) .

—"The Heart Has Its Reasons," *New Statesman*, December 20, 1999.

—"Looking Back: An Interview With Nicholas Tredell," in *Between Two Worlds: Politics, Anti-Politics, and the Unpolitical* (New Brunswick: Transaction, 2002) .

后 记

后 记

　　本书的完成对很多人来说是件值得庆祝的事情。感谢养育我多年的父母，感谢亲爱的杜晓沐同学从本科期间便陪伴着我，目睹我从不快乐的女愤青成长为一名快乐的女博士，直言我经历了高级"希望工程"的洗礼。还有称我为"麻烦制造者"的我的导师金惠敏教授——感谢您三年来的谆谆教诲和对本书内容的批阅！感谢陪我在排球场上摸爬滚打的众球友——白鸽、张昆阳、刘强、黎越亚、陈煜、宋伟迪、刘续科、卉子，感谢你们在本人写作期间帮我维持体力和清醒的头脑。当然，也要感谢我的编辑刘豫徽女士一丝不苟的阅读和校对，让这本小书更加可读。

　　没写的永远比已写的多，而已写的总可以不断润色，无论是整体结构抑或措辞造句方面。本书将霍加特置于现代主义与后现代主义思潮的夹缝中加以考虑，兼论了霍加特与英国文化研究，为理解霍加特提供了一种新的视角。然而，这两种思潮本身即包罗万象，加之二者与

文化理论的关系盘根错节，因此只能在与现代主义与后
现代主义相平行的高雅文化和流行文化、理论和经验、
阶级抵抗和风格抵抗、共同性和身份流变等框架内对主
题加以论述，而超出此框架以外的霍加特与现代主义、
后现代的关系问题，如霍加特与相对主义等，只能留作
日后研究了。此外，在本人的阅读经验内，霍加特对现
代主义的论述很少，若佐以更广泛的文献资料，想必论
述会更加饱满、令人信服。最后，倘若平时能在阅读英
文材料的同时加强中文写作练习，某些句子会表达得更
加通顺。

回首该书的写作过程，从最初对该领域的全然无知
到阅读外文资料、做笔记，从思考角度和立场到下笔写
作直至最后修改，文章日日变化，我的视界逐渐开阔，
人也变得更有耐心。固然，其中不免有智力挣扎和心理
动摇，但积淀更多的是一份沉甸甸的甜蜜，因为写作帮
助我认识了世界和自我，而获得知识总是快乐的。

赵冰

2024 年 11 月